KB109817

이 책 없이 영어하지 마라

이 책 없이 영어하지 마라

초판 인쇄 | 2023.10.20
초판 발행 | 2023.10.25

지은이 | 박소윤, 안지원, 이지은, 이태연, 정주희
디자인 | 사라
표지 일러스트 | 맛조은낑깡
발행인 | 변은혜
발행처 | 책마음

출판 등록 | 2023.01.04 (제 2023-1호)
주 소 | 원주시 서원대로 427, 203-1401
전 화 | 010-2368-5823
이메일 | book_maum@naver.com

값 16,800원
ISBN | 979-11-984851-0-6 (13740)

이 책 없이 영어하지 마라

박소윤
안지원
이지은
이태연
정주희

책마음

프롤로그

—

　최고의 영어교육에 대해 함께 고민하고 연구하는 열정적인 행동파 베테랑 영어 원장 5인이 모였습니다. 영어교육 현장에서 십수년간 쌓아온 노하우들을 아낌없이 풀어놓았습니다.

　자녀의 영어교육에 대한 길잡이가 필요하거나, 영어교육의 방향에 고민이 될 때 어떻게 준비해야 하는지 구체적인 방법을 제시하였습니다. 학부모뿐만 아니라 영어교육 현장에서 아이들을 지도하는 분들에게도 도움이 될 만한 사례들도 함께 소개합니다.

　이 책을 읽는다고 모든 문제가 해결되는 것은 아닙니다. 세상에 없던 신선하고 대단한 공부 비법을 기대한 독자들에게는 어찌 보면 식상한 이야기일 수도 있습니다. 이 책에서 말하는 내용이 전부 다 정답이거나 최선의 방법이 아닐 수도 있습니다. 중요한 것은 아이에게 잘 맞는 학습 방향을 적용하고 실천하는 것입니다. 이 책으로 아이의 영어 실력 성장을 위해 생각해 볼 수 있는 기회가 된다면 좋겠습니다. 더불어 이 책이 아이들의 꿈에 조금 더 가까워질 수 있는 작은 희망이 되기를 바라겠습니다.

　　무엇보다도 즐겁게 공부하면서 긍정적인 태도와 회복탄력성을 가진 자신감 넘치는 아이들이 스스로 공부할 수 있는 힘을 갖게 되는 데 조금이라도 도움이 되길 바랍니다.

안지원

추천의 말

이 책은 교육현장에서 실제적인 교육 경험을 기반으로 학생들의 학습 방법에 대한 구체적인 조언을 제공하고 있다. 영어교육전문가뿐만 아니라 학습코칭전문가도 참여하여 자기조절학습에 필요한 구체적인 팁과 전략을 공유했다.

언어학습방법을 넘어 학생들의 정서적인 부분까지 고려한 이 책은 학령기 모든 학생들이 영어공부를 성공적으로 수행할 수 있도록 도움이 될 것이다. 이 책을 통해 학습자들이 자신에 맞는 학습유형을 찾아내고 자신의 잠재력을 발견하여 성공적인 학습이 되길 바라며 적극 추천하는 바이다.

민철홍 교수 (고려대학교 대학원 아동코칭학과 교수)

늘 영어 문제로 가득 찬 영어교재가 아니라 전문가들의 생각과 지혜가 담긴 영어책을 기다렸습니다. 이 책은 초등영어, 중등영어, 고등영어, 영어코칭까지 글을 읽는 내내 고개가 절로 끄덕여지는 설득력과 설명이 가득합니다.

특히 자녀의 영어교육에 대한 길을 잃거나 혼란스럽고 어떻게 자녀를 교육해야 할지 막막한 부모들이 전문가들의 경험적이고 객관적인 조언으로 길을 찾고 방향을 잡을 수 있는 방법으로 이 책을 추천합니다.

이 책은 학생이든 부모든 누구라도 만날 수 있는 영어 교육에 대한 고민을 다양한 현장 경험과 전문적 지식으로 쉽게 풀어냈기에 많은 이들이 이 책을 읽고 도움을 받으면 좋겠습니다.

이재연 교육학 박사 (고려대학교 대학원 아동코칭학과 겸임교수)

5명의 원장님의 오랜 영어교사로서의 풍부한 경험과 지식들을 통해 이 책은 아이들에게 진정한 자기주도 학습능력과 영어 코칭학습에 대한 명확하고 구체적인 가이드라인과 해답을 제공하여 줄것입니다. 무엇보다 알고 있는 지식과 현장에서의 경험과 행동들 사이의 간극을 줄이는 데 분명 도움이 될 멋진 동반자가 되어줄 책입니다.

이경희 (제이앤제이에듀 대표)

영어 학원 원장님들의 생생한 현장의 경험데이터를 바탕으로 쓰여진 이 책은, 영어 공부와, 교습소, 학원 운영에 대한 가장 직접적인 해결책을 줍니다. 영어 교육에 대한 명쾌한 해결책으로 자신 있게 추천해드립니다.

김홍현 (원아워 제로엑스플로우 대표)

매년 쉴 새 없이 변하는 시대에도 여전히 영어의 중요성은 변하지 않고 있습니다. 이에 발맞추어 현장에서 직접 경험하며 느낀 원장님들의 생생한 노하우가 담긴 책으로, 곁에 두고 필요한 순간 펼쳐 바로 적용할 수 있는 영어 교육의 실천적 안내서가 될 것입니다.

이지선 (강북청솔학원 부원장)

목차

Part 4. AI 시대에도 살아남는 맞춤형 영어 코칭 (이태연)

Part 5. 현직 원장님들의 영어교육 Q & A

Part 1

첫 단추가 중요하다
취학 전~초등영어

영어 시작부터 전략적으로

(안지원 드림빅잉글리시 원장)

엄마표영어로 시작한다면

요즘 도서관에 가보면 영어 교육 관련 코너에 대부분을 차지하는 것이 엄마표영어에 관련한 책이다. 엄마표영어는 학원이나 사교육에 의존하지 않고, 엄마가 집에서 영어를 노출해 주며 자연스럽게 영어를 체득시키는 방법이다. 특히 0~12세 아이들을 대상으로 영어 그림책이나 영상물을 매개로 하여 영어 소리를 들려주고 책을 읽게 함으로써 아이가 영어를 모국어처럼 받아들이고 자연스럽게 습득하도록 돕는 엄마 주도 학습 방식이다.

언제부터인지 엄마표영어가 대세가 되었다. 유튜브나 교육 커뮤니티만 봐도 엄마표영어에 대한 글이 넘쳐난다. 영유아기부터 자녀의 영어 교육을 가정에서 엄마표로 진행한다는 부모들이 점점 더 많아지고 있다. 그러나 엄마표영어를 실천하면서도 그 체계나 로드맵이 정확하게 규정된 것이 아니기 때문에 엄마표영어가 성공적으로 잘 진행되고 있는지는 스스로 확신하기가 어렵다.

엄마표영어의 특성상 아이의 학습 성향이나 각자의 환경에 따라서 엄마표영어는 천차만별로 달라진다. 사실 아이의 개별 학습 성향이나 특성, 학습 환경을 면밀히 살펴서 아이에게 맞는 최적의 영어 교육을 제시할 수 있다면 그 어떤 유명 학원이나 영어전문가보다 더 최선의 영어지도법이 될 수도 있다. 하지만 엄마표영어에 성공한 사람마다 그 방법이 다르며 아이들의 성향과 가정 환경도 다 다르기에 엄마표영어는 더 어려울 수도 있다.

엄마표영어로 영어를 시작하겠다고 굳게 마음먹어도 실상 어떻게 지도해야 하는지 막막하기는 마찬가지이다. 또한 굳은 신념을 가지고 엄마표영어 관련 도서를 잔뜩 구매해서 읽어봐도, 책마다 방법과 시기도 다르고 우리 아이에게는 언제 적절하게 적용해야 할지 선뜻 확신이 안 선다. 그렇다면 엄마표영어를 효과적으로 진행하고 성공적인 영어학습을 이루려면 어떤 것들을 고려해야 할까?

엄마표 영어 환상을 버려라

엄마표영어로 아이의 영어학습을 잘 시작하고 싶다면 먼저 아이에게 맞는 엄마표영어 계획을 세워야 한다. 소리 영어와 영상, 원서 등을 어떻게 노출할 것인지 로드맵이 있어야 하고 그 계획대로 실천하고자 하는 소신이 있어야 한다. 그리고 아이의 학습 성향에 대하여 객관적이고 정확한 이해가 필요하다.

사실 이 부분은 아이를 영어학원에 맡기거나 사교육 기관에 맡기는 것보다 더 자신 있게 엄마가 할 수 있는 분야이다. 아이에게 있어서는 엄마가 제일의 전문가이고 아이의 성향을 누구보다 더 잘 알고 있기에 엄마라서 해결해줄 수 있는 것이 많다. 아이가 좋아할 만한 책이나 오디오, 영상, 교구들을 파악하고 활용할 수 있으며, 비슷하고 많은 콘텐츠와 교재 중에서도 아이가 좋아하고 잘 받아들일 만한 자료들을 충분히 고려할 수 있기에 아이는 영어에 더욱 편안하게 몰입할 수 있다.

또한 엄마가 아이의 영어학습을 전략적으로 계획한다면, 아이의 상황이나 환경의 변화에 따라서 학습계획을 수시로 반영하여 진행할 수 있다.

엄마표영어에서 제일 중요한 점은 아이가 영어를 받아들일 준비가 되어 있어야 한다는 것이다. 아무리 좋은 계획과 콘텐츠를 준비했어도 아이가 협조를 안한다면 엄마와 아이와의 관계에도 금이 갈 수 있다. 영어를 잡으려다 더 큰 것을 놓칠 수도 있다.

다시 말하자면 첫째, 아이에게 맞는 엄마표영어의 중심 콘텐츠와 학습의 계획이 있어야 한다. 둘째, 아이의 상황이나 환경에 따라 학습 계획이 어긋날 때도 적절한 대처가 가능해야 한다. 셋째, 아이가 엄마표영어를 받아들이고 잘 따라주어야 한다. 이렇게 세 가지가 완비되어야 엄마표영어를 잘 실천할 수 있다.

엄마표영어는 크게 보면 소리와 영상을 중심으로 영어환경을 만들어주어 영어를 습득하는 방법이기 때문에 영어의 전 영역을 균형 있게 체득하기 어려울 수 있다. 영어학원에서 아이들을 지도하다 보면 엄마표영어를 집에서 오래 하던 아이들이 일정 분야에서는 높은 수준을 보이지만 영역별 균형이 고르게 성장하지 않아서, 기초부터 다시 시작해야 하는 경우도 흔히 있는 일이다.

처음에는 엄마표영어에 대한 신념과 열정을 가지고 시작했다가도 바쁜 일상에서 꾸준하게 수년 동안 지속하기는 어렵기 마련이다. 엄마표영어를 시작했다면 잠자리 영어 독서며, 영어 영상 노출이며, 단계별 원서 읽히기까지 가능한 한 쉬지 않고 꾸준히 계획대로 쌓아 나가야 한다. 아이가 힘들어하는 고비도 함께 넘길 수 있어야 하고, 피곤하고 바쁘다고 해서 엄마표 영어학습을 쉽게 멈추는 일도 없어야 한다. 꾸준히 실천하겠다는 부모의 강한 의지와, 가족이 모두 돕겠다는 소신이 충만해야 한다. 한번 뽑은 칼이라면 무라도 썰어야 한다.

아이의 영어를 위해 쏟아야 하는 시간과 노력이 어렵겠다고 느껴진다면 처음부터 엄마표영어를 하지 않는 편이 낫다. 누구나 시작은 할 수 있다. 하지만 더 중요한 건 수시로 아이의 부족한 면을 채워줄 수 있도록 계속 관찰하고 고민해야 한다는 점이다. 아이의 영어학습 과정에서 다양하게 생기는 현상들도 엄마가 잘 이해하고 적절히 대처하고, 아이에게 필요한 부분을 바로 충족해 줄 수 있어야 한다. 그래서 엄마표영어는 더 세심히 계획해야 하고 더 열심히 실천할 수 있어야 한다.

학원만 보내면 끝이 아니다

엄마표영어를 실천하기에 엄두가 안 난다거나, 학습 로드맵에 대한 확신이 없거나 영어 콘텐츠가 부족하거나, 자료준비가 어려울 때는 적절한 사교육에 맡기는 것도 좋은 전략이다. 그렇다면 사교육을 선택하여 체계적인 영어학습을 시작하고 싶다면 어떤 점들을 고려해야 할까?

먼저 아이가 영어학습에 대한 준비가 되어 있어야 한다. 학부모가 아이의 영어교육에 관심이 많아 아이를 어린 나이부터 영어학원에 보내며 영어를 준비시키고자 해도, 아이가 영어에 관심이 없거나 영어학원 가는 것을 거부한다면 역효과가 날 수 있다. 아이가 영어에 거부감을 가지게 되면 오히려 제로에서 시작하는 것보다 마이너스에서 한참을 보내게 되어 더 힘든 시간을 겪게 될 수도 있다.

영어 과목뿐만 아니라 모든 것은 아이가 원하고 참여하고자 하는 의지가 있을 때, 아이의 감정 상태가 긍정적일 때, 호기심을 자극하는 동기부여가 있을 때 극대화되고 그 반대의 경우에는 효율성이 기대에 미치지 못하게 된다. 아이가 영어에 관심을 가진다거나 영어를 배우고 싶어 할 때 사교육을 체계적으로 이용하면 좋다.

영어학원은 그 종류에 따라 영유아기 때부터 보낼 수 있는 놀이학교나 영어유치원, 어학원이 있고, 학령기 대상 영어학원으로는 영어 전문공부방이나, 교습소, 보습학원, 어학원이 있다. 학원마다 교재나 프로그램을 비슷하게 사용해도 자세히 보면 학습 과정과 수업 운영이 많이 다르다. 아이의 성향과 학원 시스템이 잘 맞는지 파악하고 학원을 선택해야 하는 것이 중요하다.

초등학교 3학년이 된 지은이는 학교에서 영어를 배우기 시작했다. 지은이는 지금까지 별다른 영어학습을 하고 있지 않았는데 영어 전담 교사가 수업 시간에 100% 영어만 사용하고 파닉스 학습은 가볍게 훑고 지나갔다. 아직 단어도 읽기 어려운데 문장과 대화체를 읽고 쓰며 말해야 해서, 부모님께 영어학원에 보내달라고 했다. 초등학교 영어 교과 시작 전에 사교육이 필요 없다고 하는 정책만 믿고 있었던 지은이의 부모님은 덜컥 걱정되어 여러 학원을 비교하다가 '많이들 보낸다는' 어학원에 보냈다. 이제 지은이는 영어 걱정 없이 학원을 다니며 영어 실력을 잘 쌓게 되었을까?

적극적인 성격이고 여러 사람 사이에서도 말하고 표현하는 것이 익숙한 아이라면 어학원에서도 적응을 잘하고 어학 실력이 많이 늘 수 있다. 하지만 수줍음이 많고, 발표하거나 토론하는 상황이 불편한 내향성 아이들은,

정작 어학원에 가서 두 시간 동안 단 한마디도 안 하고 귀가하는 경우도 많다. 지은이도 내향의 성격으로 대그룹에서 발표하고 말하는 환경이 힘들었고, 3학년이지만 가장 기초반으로 배정되어서 1, 2학년 친구들과 같이 공부하게 되어 마음 맞는 친구도 없었다. 결국 얼마 못 가 지은이는 어학원을 그만두었다.

이런 성향의 아이라면 한 반에 인원이 10명 이상인 대그룹 수업에서는 아이가 적극적으로 수업에 참여하는 것이 힘들 수 있다. 규모가 큰 학원이나 어학원의 경우에는 대부분 이렇게 클래스 당 인원수가 많은 편이고, 한국인과 원어민 강사가 번갈아 수업한다. 대그룹 안에서 교사가 주도하는 수업을 잘 따라가고 발표에 적극적으로 임해야 효율성이 좋다. 이는 적극적이고 외향적인 성향의 친구들에게 더 잘 맞는 수업이다. 지은이의 경우에는 영어가 익숙하지 않은 데다가 소극적인 성향이다. 이런 성향이라면 큰 학원보다는 소규모로 운영되는 곳에서 기초부터 차근차근 학습하며, 다른 친구들이나 환경에 영향을 덜 받으면서 교사가 1:1로 세심하게 살펴 지도하는 것이 더 잘 맞는다.

지은이는 '많이들 보낸다는' 어학원에 가지 않고 소규모 영어 전문공부방이나 영어교습소에서 시작해야 했다. 그리고 처음 한 달은 아이가 학원의 학습 흐름을 파악하며, 교사와 라포형성(상담이나 교육을 위한 전제로 신뢰와 친근감으로 이루어진 인간관계)을 하는 시기로 아이들도 적응하느라 더 애쓰는 기간이다. 저학년이거나 사교육 기관이 처음인 아이들은 적응 기간이 최소 2개월은 걸리고, 고학년 아이들도 한 달의 흐름을 겪어야 비로소 적응된다. 처음 학원에 가게 되면 최소 한 달은 영어학습 외적인 에너지가 더 필요하고 이런 부분이 잘 적응되고 편안하게 받아들일 수 있도록 교사와 부모의 격려가 필요하다.

교사도 도사가 아닌 이상 처음부터 아이를 완전히 파악하기는 어렵다. 교사와 아이가 서로 호흡을 맞추는 시간이 중요하고, 이렇게 라포형성이 먼저 잘 돼야 학습효율이 점점 높아지게 된다. 아이를 학원이나 영어 교육 기관에 보내고 나서 한두 번의 수업 후에 모든 것을 파악하려 하지 말고, 아이가 적응하며 점차 학습에 몰입하게 되는지, 교재의 난이도와 숙제 양은 잘 맞는지 마음의 여유를 가지고 지켜보자.

신중하게 시작하고 끈기 있게 버텨라

아이의 성향을 세심하게 고려해서 학원이나 영어교육 프로그램을 시작한다면 가장 유념해야 할 것은 학원이 조금 안 맞는 것 같다고 바로 그만두지 않는 것이다. 앞서 이야기했듯이 아이가 처음으로 영어학원이나 학습프로그램을 본격적으로 시작하게 되면 새로운 학습 방법과 환경에 적응할 시간이 필요하다. 저학년이나 성향이 예민한 아이일 경우에는 시간이 조금 더 걸리기도 하지만 보통 3개월 정도면 학습 환경에 적응한다. 학습 성취 또한 빠른 이해력을 가진 아이들과 노력이 필요한 아이들과의 차이는 있지만, 보통은 6개월이면 새롭게 시작했던 영어학습도 익숙하게 받아들이고, 학습에 연관된 과제수행이나 시험 준비에도 대부분은 적응하기 마련이다.

어려워했던 단어암기도 보통 3개월 이상, 6개월 정도의 기간을 두고 꾸준히 노력한다면 영어를 사용하는 두뇌도 이에 적응하며 맞춰져서 수월하게 처리하게 된다. 그렇기에 아이 성향에 맞는 학원을 선정해서 학습을 시작했다면, 처음에 아이가 힘들어하더라도 조금은 끈기 있게 지켜보는 것이 좋다.

6개월 이상 노력해 보아도 아이가 힘들어하면 어떤 부분에서 아이가 불편함을 느끼는지 파악해야 한다. 학원을 보내면 학원 시스템에 모든 것을 맡기지 말고, 공부하고 있는 교재와 과제는 최소 일주일에 한 번 이상은 확인하길 바란다. 교재에 완료되지 않고 넘어간 부분이 있지는 않은지, 틀린 부분에 대한 명확한 재학습이나 숙지 과정이 있었는지 확인해 보고, 교재에 채점이 잘 되어 있는지, 채점 과정에서 오류가 있지는 않은지 잘 살펴보아야 한다. 한두 번은 아쉬운 점이 보일 수도 있지만 그것이 지속된다면 문제라고 인식하고, 교육 기관에 토로하여 아쉽게 느껴진 부분에 대하여 정정될 수 있도록 요청하도록 하자.

어학은 단기간에 실력 향상이 눈에 띄는 과목이 아니다. 최소 수 개월에서 일 년 이상의 과정을 노력해야 성장이 눈에 보인다. 아이가 영어학습에 적응하고 실력이 향상될 수 있도록 끈기 있게 지켜보며, 격려와 칭찬으로 아이에게 힘을 실어 주길 바란다. 독려하는 부모의 태도가 아이의 영어 그릇을 더 크게 키워줄 수 있다.

초등학교 취학 전에
놓치지 말아야 할 것들
(안지원 드림빅잉글리시 원장)

절대적으로 듣기 먼저

영어에 관해 이야기하기 전에 먼저 우리말에 관해 이야기해 보자면, 갓난아기는 세상에 태어나서 가장 먼저 하는 것이 '듣기'이다. 엄마의 목소리와 주변 사람들의 대화 소리를 들으며 자라다가 옹알이 소리를 내게 된다. 옹알이는 구체적인 단어나 문장을 말하기 이전 시기에 자음-모음으로 이루어진 한 가지의 음절로 내는 소리이다. 이 소리는 발성의 연습 내지는 놀이이며, 아기는 자기가 만든 소리를 계속 듣고 싶어서 더 소리를 낸다. 이 시기에는 주변의 말소리를 듣고 흉내 내는 과정에서 발음 기관이 발달하며, 더 다양한 소리를 만든다. 그러면서 한두 마디 말을 하게 되고, 점차 문자와 소리를 연결 지으며 읽는 단계까지 발달한다. 읽기 다음은 쓰기 단계로 소근육과 대근육의 발달에 따라 개인적인 차이가 있지만 보통 만 4~5세에 가능해진다.

그렇다면 취학 전 영유아기에는 영어를 어떻게 접하도록 해야 할까? 영어도 모국어와 마찬가지로 듣기-말하기-읽기-쓰기의 순으로 발달이 이루어진다. 취학 전 영유아기의 아이들이라면 영어도 모국어처럼 '듣기 먼저' 많이 노출하는 것이 좋다. 네 살짜리 아이를 키우는 주희라는 친구가 있다. 열정적으로 육아를 하는 주희는 아이의 영어 교육에도 관심이 많다. 어느 날 주희네 집에 초대받아 방문하게 되었다. 주희네 주방에 커다랗고 하얀 냉장고에는 알파벳과 영어단어들이 쓰여 있는 포스터가 붙어있었다. 이제 아이가 네 살이 되어서 영어 교육을 시작하게 되었다며 아이에게 알파벳을 익히는 중이란다. 지금까지 별다른 영어 노출은 없었고 이제 처음 영어를 시작하면서 알파벳 이름을 인지시키고 있다고 한다. 그 말을 듣고 나는 지금 이 시기에 영어 글자 교육은 지양해야 하고, 우선 편안하고 즐겁게 영어를 받아들이도록 많이 들려주는 것을 권했다. 소리가 쌓여 있지 않은 상황에서 글자를 먼저 익히는 것은 이 시기에 가장 하지 말아야 하는 일 중 하나이다. 아니나 다를까, 주희는 아이가 영어 공부를 싫어해서 고민이었다고 한다. 그 후 주희는 당장 냉장고에 붙어있는 알파벳 포스터와 단어 포스터를 떼어냈다.

모국어가 잘 발달하고 있는 아이라면 먼저 영어 동요로 친근하고 재미있게 영어의 소리에 익숙해지도록 하는 것이 좋다. 영어 동요를 잘 듣는 것 같다고 해서 더 큰 욕심은 금물이다. 책이나 글자를 보여주며 알파벳을 인지시킨다거나 워크시트를 풀어보게 하는 것은 아직 하지 말아야 한다. 취학 전에는 소리 노출 외의 영어학습은 지양해야 하며 모국어가 충분히 완성될 수 있도록 우리말 실력을 잘 쌓아두는 것이 중요하다. 탄탄하게 완성된 모국어가 있어야 영어도 쌓아 올릴 수 있다.

영어 동요로 소리 노출을 해 주고자 한다면 너서리라임(nursery rhyme: 아이들을 위한 시나 노래)이라고도 불리는 마더구스를 들려주는 것도 좋은 예이다. 마더구스는 예전부터 전해지는 전래동요로, 영국 등지에서 17세기 전부터 유행한 동화(fairy tales)양식 또는 그 동화집의 수집가 혹은 저자를 일컫는다. 마더구스는 반복되는 라임이 특징이고, 영미권 아이들에게는 교과서보다 더 많이 읽힌다고 할 정도로 일상생활 속에서 스며들어 있다.

마더구스는 짧은 동요 안에 반복되는 라임을 익히게 되는데, 운율감이 입에 붙게 되어 낯선 외국어 소리라 해도 즐겁게 듣게 되고, 그렇게 반복하다 보면 쉽게 따라 말하게 된다. 요즘은 인터넷에 자료가 워낙 많아서 유튜브나 블로그, 카페 등에서도 유명한 마더구스가 올려져 있다. 군이 CD나 음원을 구입하지 않아도 충분히 들려줄 수 있으니 꼭 활용하기를 바란다. 차에서나 집에서 틈틈이 수시로 들려주면 아이가 어느새 혼자서도 영어 노래를 부르는 것을 볼 수 있을 것이다. 마더구스에 관해서는 뒤에 '영어원서의 첫 만남'에서 더 이야기해 보겠다.

노래에서 책으로, 책에서 액티비티로

영어의 소리가 익숙해진 아이들은 잘 따라 말할 수 있게 되고, 나중에는 잘 읽게 되며, 잘 읽게 된 아이들은 잘 쓰게 된다. 영어를 처음 시작하며 아이가 영어에 흥미를 느끼고 잘하는 것 같다고 해서 과욕은 절대 금물이다. 물론 언어 감각이 남다른 아이들은 영어 노래를 몇 번 부르다가 알파벳까지 스스로 깨치고 책도 금방 읽는 경우도 있다. 이런 경우는 문자인지 단계로 넘어가도 되지만 아이에게 힘든 과정이 아닌지 살펴보아야 한다.

아이가 영어책에도 관심을 갖는다면 노래로 불렀던 마더구스 책이나, 영어 동화로 접했던 이야기 그림책을 먼저 시작하는 것이 좋다. 빠르면 5세 이후로 영어책을 보여주고, 읽어주는 것이 좋다. 왜 5세 이후라고 했는지는 이제 다들 알 것이다. 모국어의 중요성. 모국어가 충분히 자리 잡은 시기이기 때문이다.

영어책을 읽어줄 때도 엄마의 목소리나 선생님의 목소리로 읽어주는 것이 좋지만, 요즘은 책을 사면 QR코드나 앱으로 읽어주는 것까지 잘 되어 있다. 생생한 음성과 정확한 발음을 들려주며 아이에게 책을 보여줄 수도 있다. 영어 그림책은 딱 이 잠깐의 시기에 가장 빛을 발한다. 엄마 무릎에 앉혀서 책을 읽으면서 따뜻한 체온을 나누고, 아이가 영어 소리와 함께 그림책을 보며 무한한 창의력, 관찰력, 상상력과 감수성을 키울 수 있다. 영어 그림책은 아이의 언어 사고능력과 흥미 분야의 확장, 간접경험을 통한 내면의 성장까지 이룰 수 있는 좋은 매개이다. 영어책을 읽으며 꼭 영어로만 대화를 주고받지 않아도 된다. 아이와 깊게 공감하고, 아이의 언어 세계를 펼칠 수 있도록 편안한 분위기로 우리말로 대화를 이어 나가도 충분하다.

영어 그림책을 보며 대화하고 영어표현을 배워본 것만으로도 좋지만, 아이가 유독 흠뻑 빠지는 책이 있다. 그런 여운을 주는 책은 관련 액티비티로 이어주는 것도 좋다. 책만 읽고 지나가는 것 보다, 책과 관련된 활동자료로 한 번 더 복습하면 장기기억으로 남을 수 있고, 아이와의 특별한 추억도 만들 수 있다. 액티비티 자료를 찾는 방법은 어렵지 않다. 구글에서 책 제목에 activities를 붙여 검색하면 다양한 활동자료들을 찾아볼 수 있다. 대표적인 영어 액티비티 사이트로는 〈키즈클럽〉, 〈트윈클〉, 〈슈퍼심플〉, 〈토드스쿨링〉을 소개한다.

놀이영어와 학습영어의 사이

취학 전에 영어를 즐겁게 받아들이며 소리를 많이 듣고 따라 부르며 접하는 것이 중요하다면, 그다음은 어떤 단계로 나아가야 할까. 어느 정도 영어 소리에 노출되었다면, 영어로 활동하는 수업에도 참여해 보고 다양한 영어학습을 시도해 보는 것이 좋다. 하지만 이때에도 아직은 '학습식'으로 접근하는 것보다 '체험식'으로 영어를 체득하도록 기회를 만들어주는 것이 좋다.

요즘에는 아이들이 워낙 어린 나이부터 영어를 접하다 보니 '놀이'와 '영어'를 접목한 '놀이 영어'로 영어를 배우는 아이들이 많다. 말 그대로 놀이식 영어이다 보니 아이들은 부담 가지지 않고 즐겁게 영어를 접하게 된다. 하지만 놀이식 영어에서는 '영어'보다 '놀이'에 집중하는 경우가 더 많다. 그러다 보니 영어 성장에 집중하지 않고 놀이만 찾게 되는 부작용을 겪는다. 그래도 학습식 영어체득이 힘든 어린아이들에게 영어를 시키려면 '놀이'가 붙어있어야 한다. 그러나 언제까지나 놀이식으로 영어를 할 수만은 없는 노릇이다.

놀이식 영어환경에 길들여진 아이는 학령기에 영어를 학습해야 하는 시기가 되어, 앉아서 공부하는 학습식 영어로 전환될 때 부작용을 겪는다. 영어 시간을 견디기 힘들어하고, 계속 놀잇감을 찾고 게임을 하길 원한다. 집중해서 영어 공부하는 것을 너무 힘들어해서 잠깐의 게임으로 분위기 전환을 하고 다시 학습에 집중하도록 유도하는데, 그새 또 견디지 못하고 놀이만을 요구한다. 오히려 영유아기에 영어교육을 받지 않은 아이들이 놀이영어로 영어 노출을 했던 아이들보다 영어학습을 더 잘 받아들이기도 한다.

그렇다면 놀이식 영어는 해야 하는 걸까? 하지 말아야 하는 걸까? 언제까지 해야 할까? 어린이집이나 유치원에서도 7세가 되면 가장 '큰 형님'이 되고, 취학 준비로 한글과 수 쓰기 공부 시간을 갖고, 앉아서 학습하는 시간을 늘린다. 이때부터 영어학습도 시작해주는 편이 좋다. 놀이식 영어는 착석이 힘든 시기의 영유아기까지만 하자. 5~6세 유아기부터는 놀이식에서 학습식 영어로 조금씩 전환하며, 학령기의 학습식 영어로 진입할 수 있는 준비를 시켜주는 것이 필요하다.

초등학교 저학년 때
놓치지 말아야 할 것들
(안지원 드림빅잉글리시 원장)

저학년 때 알파벳만큼은 확실하게

"초등학교 3학년인데요, 학교에서 영어가 어렵대요. 알파벳도 잘 모르는데 혹시 들어갈 수 있는 반 있을까요?"

새 학기가 되고 몇 주 지나지 않아 학원에 꼭 이런 전화가 걸려 온다. 우리나라의 영어 공교육 과정은 초등학교 3학년부터 시작한다. 초등학교 3학년부터 영어가 시작된다고 해서, 아예 기초부터 다 가르쳐 주는 것은 아니다. 이 사실을 잘 모르고 있던 부모님들이 급한 마음에 학원을 그제야 부랴부랴 알아본다.

초등학교 교과 영어는 난이도가 쉽기도 하고 학교의 대그룹 수업에서는 중간보다 살짝 이하에 평균을 맞춰서 지도한다. 그렇기에 영어 수업이 어렵다고 한다면 '중간 이하도 못 따라가는 수준'이라고 생각하면 된다. 너무 직설적으로 들릴 수도 있지만 이제는 현실적으로 생각하고 빠르게 대처하고 계획을 세워야 하는 시기이다. 영어는 특히나 학습격차가 가장 심한 과목이다.

처음부터 너무 격차에 의미를 두는 것은 좋지 않지만, 영어는 정서적인 면이 중요한 과목이기에 영어에 자신 없다고 느끼거나, 어렵다고 느끼는 순간이 반복되면 "난 영어 못해."라는 말을 결국 하게 되고, 정말 꽤 오랫동안 영어를 손에서 놓는 경우도 많다. 적어도 영어 수업에서 좌절감이 들어서는 안 된다. 그러기 위해서는 초등학교에서 영어 과목이 시작되기 전에 최소한의 준비는 해두어야 한다. 그 최소한의 준비는 초등학교 1~2학년 때까지 알파벳 이름과 소리를 정확히 아는 것이다.

초등학교 3학년이 되기까지 영어교육을 받지 않은 아이여도, 알파벳을 알고 있는 아이와 알파벳도 모르는 아이의 차이는 상당히 크다. 알파벳의 이름과 소리를 알고 있으면 어느 정도 수업에서 쓰고 적는 것을 따라갈 수는 있다. 혹여나 수업에서 이해가 조금 늦더라도, 불러주는 알파벳을 받아 적을 수는 있다. 하지만 알파벳 이름과 소리도 모른다면 그야말로 까막눈으로 아무것도 할 수 있는 것이 없다.

학교 수업은 대그룹 수업이기에 개인별 부족한 점을 상세히 살필 수 없고, 이해가 늦는다고 해서 다 기다려 주지 않는다. 그렇게 흘러가 버리는 수업이면 아이는 계속 많은 부분을 놓치게 되고 영어 시간이 두렵고 더 소극적으로 될 수밖에 없다. 영어 사교육을 하지 말라고 하지만 현실적으로 절대 불가능한 일이다. 언어적으로 매우 뛰어나서 학교 수업만으로도 알파벳부터 읽고 쓰기까지 잘 따라가는 아이도 있지만, 이는 정말 예외적인 경우이고, 대부분 3학년 이전에 영어교육을 따로 받지 않았다면 학교 수업도 어려워하고 영어 시간에도 소극적인 태도가 된다. 하물며 요즘 초등 영어 교과는 단순히 단어 읽고 쓰기, 문장 읽기가 끝이 아니라, 처음부터 대화를 배우고, 서술형 쓰기까지 다루어서 잘하는 아이들은 더욱 잘하고, 준비하지 않은 아이들은 더 쳐질 수밖에 없다.

초등 저학년에는 학교생활에 적응하는 것이 우선이고, 우리말 모국어 학습을 집중해서 하는 것이 중요하지만, 영어학습도 최소한 2학년에는 알파벳 대소문자 이름과 소리는 확실히 인지할 수 있도록 준비하는 것이 좋다. 늦어도 2학년 2학기에는 파닉스 학습을 시작으로 영어를 학습적으로 시작할 수 있도록 해야 한다. 파닉스 과정의 경우 빠른 아이들은 보통 4개월 정도가 걸리고, 천천히 이해하는 아이들은 10개월 이상이 걸리기도 한다. 또래 아이들보다 한글 학습에 시간이 조금 더 걸리는 아이들이라면 영어도 그럴 가능성이 높다. 아이의 학습 성향을 잘 파악하고, 3학년 시작 전까지 영어의 기초 읽기는 준비할 수 있도록 하자.

파닉스로 자신감 불어 넣기

파닉스는 영어의 소리와 철자 사이의 법칙을 익혀서 보는 대로 읽고, 듣는 대로 쓰게 하는 것을 목적으로 원래는 원어민 아동을 대상으로 읽기를 돕기 위해 고안된 학습법이다. 영어학원을 운영하다 보면 파닉스를 배우는 것이 좋은지 아닌지에 대한 질문을 종종 받는다. 필자도 영어 수업을 하며 학습 성과에 대한 논문들을 찾아보곤 하는데, 많은 연구 결과에 의하면 파닉스 수업을 진행한 반과 그렇지 않은 반을 비교해 보았을 때, 파닉스 수업을 한 학생들이 그렇지 않은 학생들에 비해서 영어에 더 큰 흥미와 자신감을 느끼게 되고, 듣기와 말하기 능력 및 어휘력 등에서 더 큰 향상이 있었다.

파닉스를 하지 않으면 영어 수업이 불가능한 것은 아니지만 파닉스는 영어 리딩과 라이팅에 더 쉽게 접근할 수 있고, 시간도 절약할 수 있도록 도와준다. 그러므로 파닉스를 잘 익혀서 본격적인 영어학습에 대비하는 것이 좋다.

파닉스 학습 단계는 알파벳 학습, 자음 학습, 모음 학습, 연속자음 학습, 자음과 모음 조합 학습으로 나뉘는데, 늦어도 2학년에는 알파벳 대소문자와 소리를 잘 익혀두어야 한다. 그리고 파닉스 학습을 시작하며 알파벳을 익히는 것 보다, 알파벳 암기가 되어 있는 상태에서 파닉스를 공부하기 시작하면 아이들은 훨씬 더 영어학습에 집중할 수 있고, 자신 있는 태도로 수업에 임한다. 알파벳을 이미 알기에 단어 읽기와 쓰기에도 이해도가 좋고 처음 접하는 단어에도 불안감이 적어서 영어거부감을 느끼는 경우도 더 적었다.

알파벳을 잘 익힌 아이라면 파닉스 교재를 중심으로 본격적으로 집중하도록 하자. 시중에서 판매되는 파닉스 교재들은 대부분 스튜던트북과 워크북 으로 구성되어있는데, 스튜던트북은 주교재로 스티커, 플래시카드, 보드게임판 등이 함께 들어 있다. 워크북은 숙제나 복습용으로 사용하도록 한다. 워크북 까지 풀어보아도 복습이 필요하거나 아이가 더 하고 싶어 하는 경우는, 해당 출판사 사이트에 들어가면 각종 부가 자료를 다운받을 수 있다. 이를 부가 워크시트라고 하는데, 따라 쓰기 자료나 색칠하기 자료, 시험지 등을 내려받아 출력해서 사용할 수 있다.

예전에는 교재마다 CD가 부록으로 있어서 교재에 실려있는 단어와 문장의 음원을 CD 플레이어를 사용하여 들었지만, 최근 대부분의 교재는 QR

코드를 활용하여 음원을 바로 들을 수 있다. 또한 출판사에서 함께 제공하는 무료 앱도 쉽게 이용할 수 있다. 파닉스 교재와 함께 학습 앱을 잘 활용하면 더 높은 학습 효과를 볼 수 있고 아이도 영어공부를 즐기며 할 수 있다. QR코드와 무료 앱이 잘 되어있는 파닉스 교재로 《School Phonics》, 《Come on, Phonics》, 《Bricks Phonics》, 《Spotlight on First Phonics》를 추천한다.

세이펜을 사용하는 교재도 적극 추천한다. 세이펜은 책에 있는 단어나 문장을 표준화된 원어민의 발음으로 바로 들을 수 있는 장점이 있다. 각각의 소리를 정확하고 즉각적으로 들어 볼 수 있는 데다가 원하는 만큼 반복해서 들을 수 있기 때문에 영어학습에서 더욱 효과적인 학습 도구이다.

필자도 파닉스 수업에서 모든 유형의 교재와 자료들을 사용해 보았는데 그중 세이펜을 활용한 교재가 대부분 아이에게 더 효과적이었다. 특히 학습의 속도가 느린 아이들에게 세이펜으로 각각의 단어를 반복해서 듣고 따라 읽도록 한 결과, 그 전보다 파닉스 실력을 한껏 올릴 수 있었다. 추천하는 교재로는 《Oh! My Phonics》, 《Amazing Phonics》가 있다.

이 시기에는 영어가 즐거운 것이라고 느끼는 것이 중요하다. 영어를 배우며 행복한 감정과 호기심을 가질 수 있도록 아이에게 많은 격려와 응원을 해주길 바란다. 이때 쌓인 긍정적인 기억은 나중에 학습량이 많아지고 어려워져도 잘 견뎌내고 해낼 수 있는 강한 힘이 된다.

내 아이의 학습유형 알고 시작하기

아이들의 성향이나 특징에 따라서 영어 공부 방법을 다르게 적용해 주어야 효과적인 학습을 기대할 수 있다. 성격유형 검사를 통해 아이의 성향을 알고, 어떤 학습 환경이 아이에게 효과적인지 전략을 세울 수 있다. 아이들을 가르치다 보면 아이마다 가지고 있는 성향과 특성이 다 다르다는 것을 매 순간 느낀다. 발표하는 것을 좋아하는 아이도 있고, 혼자 조용하게 집중해서 생각하는 것을 더 좋아하는 아이도 있고, 질문하고 대답하는 소통의 과정을 좋아하는 아이가 있고, 꼼꼼하고 정확하게 노트에 정리하면서 공부하는 것을 좋아하는 아이가 있다. 이렇게 아이의 성향을 잘 살펴서 파악하다 보면, 아이에게 잘 맞는 학습법을 적용해 줄 수 있고, 그렇게 개별특성에 따른 학습을 적용해 주었을 때 학습 효율을 더 높일 수 있다.

MMTIC은 대표적인 어린이 및 청소년 성격유형검사로, 잘 알려진 MBTI와 같은 이론에 근거하여 1990년 미국에서 개발된 어린이 및 청소년 성격유형검사이다. MMTIC은 Murphy-Meisgeier Type Indicator for Children의 약자이며 아이들이 이해하기 쉬운 문장을 사용하여 검사를 하는 것이 특징이다.

MBTI 성격유형검사와 비슷하지만 '결정되지 않은(Undetermined)' U 유형이 있는 것이 MBTI 성격유형검사와 다른 점이다. 이 검사는 집단이나 개인으로 실시할 수 있고, 초등학교 2학년부터 중학교 2학년까지 받을 수 있다. 70개의 문항으로 30분가량 소요되며, 이 검사를 통해 '심리적 유형, 선호도 점수, 발달 중인 우세한 기능의 정의'가 분류되어 네 개의 알파벳이 조합된 16개의 성격유형으로 구분된다.

성인과 마찬가지로 어린이들 또한 각각의 개성과 성향이 다르다. 성격유형검사를 통해 아이의 성향을 파악해 보고 개인별 특성에 맞는 학습 방법을 제시해 보자. 아이의 성향을 알게 되면 의외로 더 많은 것들을 이해할 수 있게 된다. MMTIC와 같은 성격유형검사는 초등학교나 중학교에서 하기도 하고, 인증기관에서 개별적으로도 받아볼 수 있다.

초등학교 고학년 때
놓치지 말아야 할 것들

(박소윤 뉴욕보니잉글리시 원장)

초등학교 고학년의 시작을 4학년으로 고려했을 때, 4학년 학생들의 영어 실력은 천차만별이다. 따라서 영어를 시작하는 연차에 따라 영어학습 방법이 다르다. 1학년에서 2학년 초반에 원서로 영어학습을 시작한 학생은 챕터북(여러개의 장으로 나누어진 소설)으로 진입하는 시기이다. 챕터북 외에도 다양한 그림책, 리더스북 등 여러 읽기를 통해 어휘 확장과 문해력을 강화하는 것이 중요하다.

4학년은 또한 문법 학습을 시작해야 하는 시기로, 영어 문법의 기본인 명사, 동사, 대명사 등의 문법 학습이 필요하다. 문법을 패턴 학습('I am~', 'Can you ~' 등의 하나의 패턴으로 단어만 바꾸어서 같은 문장을 학습하는 방법)으로 문장 구문을 연습하면서 자연스럽게 기본적인 문법을 익힐 수 있다. 4학년 문법 공부에 적합한 책으로는 《완전 초등 영문법》의 1, 2와 《초등코치 천일문 Grammar》)이 있다. 문법을 어려워하는 학생들도 어렵지 않게 규칙인지를 할 수 있도록 구성되어 있어 수월하게 학습할 수 있다.

5~6학년의 학교 영어 수업은 4학년보다 전체적인 수준이 올라간다. 향후 중등영어학습을 고려하여 문법, 어휘, 독해에 초점을 맞출 필요가 있다. 따라서 5학년은 본격적으로 중학 영문법에 입문할 수 있는 기초를 다져야 하는 시기이다. 이에 따라 중학교 영어학습까지 자신감 있는 학습을 이어갈 수 있다.

초등영어 과정은 말하기 중심의 쉬운 내용으로 이루어져 있는 반면에 중학교는 내신 시험과 수행평가를 병행한 영문법, 영작으로 초점이 맞추어져 있다. 따라서 문법을 제대로 학습하지 않을 경우 영어 수업에 적응이 쉽지 않다. 즉, 중학교 영어는 한마디로 영어로 성적을 내는 시기이므로 이를 위해 5학년부터 문법 공부를 시작하는 것이 필요하다.

5학년의 문법 학습은 한글로 쉽게 문법 용어와 내용이 정리된 문법 교재를 학습하는 것을 추천한다. 이를 통해 문법 용어를 미리 숙지하여 학교 영어학습에서 선생님의 문법 설명을 더 쉽게 이해할 수 있다. 앞서 언급한 《완전 초등 영문법》의 3·4와 《서술형 되는 기초영문법》을 추천한다.

일찍 영어학습을 시작하여 영어 연차가 5년 이상 쌓인 5·6학년은 문법 심화를 학습하면서 예비 중등 과정을 선행하지만, 영어학습을 늦게 시작한 학생들은 학습법이 다르다. 필자의 학원 학생의 경우 영어학습 시작점이 늦은 학생들은 파닉스를 4학년 때 시작하기도 한다. 영어학습 1~2년 동안은 읽기 학습에 많이 노출된 후 문법을 학습해야 하는데, 문법을 바로 시작하면 읽기부터 어려움을 겪어 역효과가 있다.

문법학습은 읽기 레벨이 최소한 AR 1점 후반대 (영어 독서 수준으로

1점대 후반은 미국 학년 1학년 6개월 이상의 읽기 수준을 가진 경우) 이상이 된 이후 해야 한다. 중1 문법은 기초를 다루기 때문에 5학년 2학기에서 6학년 초반에 문법 학습을 시작해도 학교 영어학습에는 무리가 없다. 단추후 중2 1학기, 2학기 문법에서 그 격차가 심해지기에 영어학습을 상대적으로 늦게 시작한 초등학교 고학년 학생은 다른 학생들과의 격차를 줄이도록 노력할 필요가 있다. 그렇다면 고학년의 영역별 영어학습은 어떻게 하면 효과적일까?

문법 학습의 효과적인 방법

첫 번째, 많은 독서를 통한 문장 구조의 노출이다. 리더스(단계별 영어책)를 많이 읽은 아이들은 자연스럽게 명사의 단, 복수 개념과 인칭 개념, to부정사 등 다양한 문법에 노출되어 있다. 이렇게 간접적으로 읽기에 노출된 아이들은 문법을 배울 때 정말 쉽게 받아들인다. 자신이 책에서 보았던 글의 구조가 이런 식으로 만들어졌다는 것을 깨달으면서 어렵지 않게 학습한다.

두 번째, 문법은 이해와 암기가 같이 이루어져야 한다. 명사의 -s, -es를 붙이는 규칙 등의 암기가 필요하다. 자신만의 문법 노트를 만들어 백지 노트에 그 규칙을 계속 테스트하며 공부를 하는 것이 중요하다. 문법도 '마인드맵'(머릿속에 지도를 그리듯 내용을 정리하는 방법)과 같은 방법을 통해서 전체적인 내용을 머릿속에서 정리하면서 학습해야 한다.

세 번째, 기본적으로 여덟 가지 품사의 개념을 학습해야 한다. 품사 개념이 없으면 기초 없이 문법을 학습하는 것과 같다. 문법의 기본 품사를 확실히 숙지하여 명사는 '사물, 사람, 동물의 이름을 지칭하는 것', 형용사는

'명사를 꾸며주는 것', 전치사는 '명사(구)와 함께 하는 것' 등 품사의 정의를 정확하게 익혀두자. 품사 개념이 없는 학생은 to 부정사, 동명사 등의 더 복잡한 문법 개념을 학습할 때 역할 변화에 대한 이해가 어려워 더 복잡한 문법을 배울 때 어려움을 겪을 수 있다.

마지막으로 문장의 구성요소를 정확히 아는 것이 필요하다. 영어에는 문장의 구성요소 다섯 가지가 있는데 주어, 목적어, 보어, 동사, 수식어구이다. 이 다섯 가지를 구분하는 것이 영어학습에서 많은 도움이 된다. 문장을 읽을 때 구성요소를 각각 다른 색의 형광펜으로 표시해서 계속 눈에 익히도록 강조해야 한다. 영어문장의 주어, 동사 형태를 의식하고 주의 깊게 보는 것이 가능해져 문법요소에 익숙해지는 도움을 준다. 이에 좋은 책으로 《기적의 영어문장 만들기》 시리즈를 추천한다. 1형식부터 5형식까지 문장 구조를 연습하면서 영작도 같이 훈련할 수 있어 쉽게 문장 구성요소를 학습하는데 도움이 된다.

독해 학습의 효과적인 방법

초등 고학년은 이전보다 더 두꺼워진 원서인 챕터북을 읽는 시기이다. 뉴베리 수상작(미국 아동이나 청소년 문학에서 가장 뛰어난 작품으로 상을 받은 책) 같은 소설을 이해하며 읽는 수준이 아닌 학생들은 원서를 계속 읽어야 하는지 선택의 갈림길에 있을 수 있다. 원서 책을 좋아하는 학생들에게는 계속해서 원서 읽기를 추천한다. 하지만 읽기를 싫어하는 학생은 과감히 그 시간은 줄이고 리딩서나 Ted 등 다른 방법의 영어 읽기를 시도해 볼 것을 추천한다. 읽기에 흥미를 잃은 학생에게 계속 읽도록 강요하는 것은 오히려 영어에 대한 거부감을 줄 수 있기 때문이다. 리딩서는 수준에 맞는

'ELT(English Language Teaching: 영어가 모국어가 아닌 학습자에게 영어를 가르치기 위해 만들어진 교재)'라인으로 《Word Reading》, 《Subject Link》를 추천한다. 6학년 때는 중학생 독해교재인 《주니어 리딩튜터》나 《Reading Bite Prep》 등으로 공부하는 것을 추천한다. 챕터북에 관한 것은 뒷부분의 원서 부분에서 더 자세히 언급하도록 하겠다.

쓰기 학습의 효과적인 방법

초등학교 고학년은 본격적인 쓰기 연습을 시작할 시기이다. 특히 수행평가와 관련된 다양한 글쓰기 연습을 반드시 해야 한다. 고등 개정 교육과정에 발맞추어 원서를 읽고 북리포트를 쓰게 하는 수행평가가 많아지고 있는 추세이다. 요즘엔 미리 교정할 시간이 주어지지 않고 바로 수업 시간에 북리포트를 써서 제출하게 하는 학교가 있을 정도로 쓰기 능력을 중요하게 여기고 있다. 초등 고학년 때 원서를 읽고 북리포트를 쓰거나, 중등 수준의 수행평가 대비 교재로 글을 미리 써 보는 연습을 하는 것이 중요하다. 쓰기 연습은, 먼저 기본적인 질문과 대답 형의 내용을 암기 후 질문을 점차 길게 써 보며 갈수록 긴 문장을 써보도록 하자. 서론 본론 결론에서 나오는 연결 표현 등 본문 구조를 학습 후 최소 열 문장 이상의 글을 꾸준하게 써 보는 것을 목표로 삼아 연습하다 보면 향후 중학교 쓰기 수행평가에서 선전할 수 있을 것이다. 추천하는 책으로는 《수행평가 되는 중학 영어글쓰기》가 있다. 다양한 주제로 수행평가 글쓰기를 연습하기에 좋은 책이다.

듣기와 어휘 학습의 효과적인 방법

이 시기에는 다양한 콘텐츠를 듣고 따라 하기를 반복하며 영어적 표현을 배우는 소리 영어 방식에 대해 거부감을 느끼는 학년이다. 듣기 훈련으로는 중학교 듣기 평가 문제집을 선정해서 문제를 풀게 하는 것을 추천한다. 저학년 때 영어 노출을 이미 많이 한 아이들의 경우와 아닌 경우 둘 다 고학년 시기에는 듣기 문제집을 선택해서 듣기 능력을 향상하는 것이 좋다.

어휘는 고학년용 어휘집으로 공부하면서 어원을 학습하는 것이 좋다. 어휘에는 특정 어원들을 포함한 단어들이 많아서 단어 속에 어원을 같이 학습하는 것이 필요하다. 리딩서에 영어로 설명이 나와 있는 영영 단어를 꼼꼼하게 학습하는 것도 중등 영어시험 대비에 도움이 된다. 영영 단어학습에 좋은 어휘집으로 《4000 Essential English Words》, 많은 어학원에서 사용하는 《Vocabulary Workshop》 등을 활용해서 어휘를 학습하면 좋다.

이렇게 고학년에 놓치지 말아야 할 것에 관하여 이야기해 보았다. 고학년 영어학습은 특히 읽기, 문법, 쓰기, 어휘를 집중해서 공부해야 하며 스스로 공부를 주도할 수 있도록 이끄는 것이 중요하다. 초등학교 고학년은 영어 흥미도가 급격하게 줄어들 수도 있는 시기이기도 하다. 이때 어려운 것을 강요하지 않고 천천히 단계를 높이면서 공부하게 해야 한다. 그리고 고학년 때 영어학습을 어려워하는 경우는 영어의 어떤 부분을 힘들어하는지 반드시 찾아 주어야 한다. 예를 들면, 파닉스를 이미 배웠지만 정확하게 적용을 못 해서 읽는데 자신감이 없는 아이가 있을 수 있고 주어, 동사를 구분 못해서 문법 학습을 배우기가 너무 어려운 아이가 있을 수 있다. 하나를 어려워해도 자신감이 떨어져서 영어를 싫어하게 될 수 있다. 이러한 부족한 부분을 채우다 보면 전보다 학습의 가속도가 붙고 영어가 재미있어진다. 모르는 부분에 대해서 스트레스를 받기보다는 긍정적인 태도로 학습하도록 하자.

영어원서의 첫 만남
(박소윤 뉴욕보니잉글리시 원장)

'초등학교 저학년 때 놓치지 말아야 할 것들' 장에서 소개되었던 마더 구스에 대해서 자세히 소개하고자 한다. 영미권에서 유아기 시절 첫 영어로 가장 많이 노출하는 '마더구스(Mother Goose)'는 17세기의 동화 수집가 '설'과 함께 구전되어 내려오는 전래동요를 뜻한다. 모자를 쓴 할머니 캐릭터가 친숙한 노래와 함께 이야기를 들려준다. 엄마가 아이에게 불러주는 자장가라는 뜻인 '너서리라임(Nursery Rhymes)' 외에 다양한 이야기로 구성되어 있다. 간단하게 목록을 나열하면 《Hand Rhymes》, 《Hush Little Baby》, 《The Wheels on the Bus》, 《There Was an Old Lady Who Swallowed a Fly》, 《We Sing》 등이다.

마더구스는 주로 미취학 아이들 위주 대상의 동화이므로, 영어학습을 빠르게 시작하는 아이들에게 많이 활용하면 좋다. 초등 2학년 이상인 아이들에게는 자칫 시시할 수 있는 내용이어서 추천하지 않는다. 주로 필자는 유치부와 초1까지는 마더구스로 파닉스 학습 전 영어와 친숙해지는 용도로 수업에 활용한다. 하지만 2학년 이상부터는 《The Wheels on the Bus》와 《There Was an Old Lady Who Swallowed a Fly》 정도 두세 권만 활용하고 파닉스와 사이트워드 리더스를 통한 영어학습을 시작한다.

마더구스의 장점

첫 번째, 마더구스로 꾸준히 듣고 활동해 주면 이후 본격적인 영어를 접할 때 익숙한 소리에 문자를 연결하기가 훨씬 수월하다. 마더구스는 주로 라임(첫 자음을 뺀 나머지 소리가 같은 것)으로 여러 단어로 이루어져 있어 파닉스 학습에 효과적이다. 아래는 대표적인 예시인《Twinkle Twinkle Little star》이다.

Twinkle, twinkle, little <u>star</u>,
How I wonder what you <u>are</u>.
Up above the world so <u>high</u>,
Like a diamond in the <u>sky</u>.
Twinkle, twinkle, little <u>star</u>,
How I wonder what you <u>are</u>.

밑줄 친 단어 부분에서 볼 수 있듯이, 라임으로 문장을 말하면서 일정한 소리 규칙을 알게 되어 파닉스 학습을 할 때 규칙을 쉽게 배울 수 있다.

두 번째, 마더구스 작품들은 종종 반복되는 구문이나 구호, 노래 형태로 이루어져 있다. 짧고 간단한 문장 구조로 이루어져 있어 영어를 처음 배우는 아이들이 듣고 따라 말하기가 쉽게 되어있다. 마더구스를 통해 아이들은 기본적 영어 구조와 어휘를 간접적으로 익힐 수 있으며, 노래 형태로 제공되는 작품들은 발음과 억양을 연습하는 데 도움을 준다. 영미권 아이들처럼 마더구스를 통해 리듬과 음률을 자연스럽게 배우면서 영어를 시작할 수 있다.

세 번째, 마더구스 작품들은 매우 시각적인데, 그림과 삽화를 포함하고 있다. 이는 아이들이 단어와 이야기를 시각적으로 이해하고 연상할 수 있도록 도와준다. 시각적인 지원은 언어 이해와 기억에 도움을 주며, 단어와 문장을 시각적인 이미지와 연결해서 한꺼번에 이해가 되도록 한다.

네 번째, 마더구스 작품들은 전통적인 영어 문화와 이야기를 담고 있어 마더구스를 통해 영어권 문화에 대한 이해도를 향상할 수 있다. 또한 동화적인 요소와 재미있는 이야기들은 흥미를 유발하고 영어학습에 긍정적인 태도를 형성하는 데 도움을 준다.

마더구스 학습법

마더구스는 라임과 반복되는 구절들로 되어있어서 노래처럼 음이 있어 노래처럼 가르치는 것이 가장 중요하다. 그림책 읽기 후 노래를 계속 반복해서 구절을 자연스럽게 암기하는 것이 효율적이다. 마더구스 수업에 관한 다양한 영상과 콘텐츠를 유튜브에서 찾아볼 수 있어 굳이 유료로 이용하지 않아도 유튜브를 통해 노출해 주면 충분하다. 〈코코 멜론〉, 〈마더구스 클럽〉, 〈슈퍼심플송〉 사이트에서 동영상과 함께 프린트할 수 있는 워크북등의 자료를 제공하기 때문에 병행하여 학습한다면 효과적이다.

사이트워드 리더스의 장점

앞서 소개한 마더구스는 동요와 노래 위주로 구성되어 있어 초 2학년 이상인 아이들에게는 흥미를 불러일으키기가 쉽지 않을 수 있다. 영어학습 중인 저학년 아이들에게는 마더구스보다는 사이트워드 리더스를 추천한다.

사이트워드란 파닉스의 일반적인 규칙을 따르지 않지만 자주 사용되어서 한 눈에 보자마자 바로 발음하고 읽어내야 하는 단어이다. 사이트워드는 규칙이 따로 있는 것이 아니므로 반복적으로 학습하여 제대로 숙지가 되었는지 확인해야 한다. 사이트워드 비중이 영어책 어휘 중 50% 이상을 차지하고 있어서 초기 학습영어학습의 필수 숙지 요소이다. 이 과정에서 유용한 교재 라인이 '사이트워드 리더스'이다. 이 리더스에서 제공하는 자료에 다양한 사이트워드가 반복적으로 섞여 등장하기 때문에 읽기 과정에서 정확하게 사이트 워드가 학습되어 있는지 확인할 수 있다. 또한 지속적인 읽기는 자연스러운 영어 독서로 연결 지어주는 역할을 한다.

사이트워드 리더스의 큰 장점 중 하나는 파닉스를 복습하기에 탁월하다는 것이다. 간단하게 보이는 파닉스 학습에서 의외로 단번에 규칙을 이해하는 학생들이 많지 않다. 파닉스 전 과정을 복습하기보다는 사이트워드 리더스를 활용하여 규칙을 적용하면서 연습하는 것이 훨씬 도움이 된다.

사이트워드 리더스 학습서적으로 《First Little Readers》, 《Learn To Read》, 《JY First Readers》, 《Heinemann Readers》를 추천한다. 특히 《Heinemann Readers》는 실생활이 잘 반영된 스토리로 구성되어 있어 실물 사진을 좋아하는 아이에게 더 흥미를 유발한다. 이 교재의 여러 단계 중 'GK(Grade Kindergarten으로 유치원 레벨)'와 'G1(Grade1 1학년 레벨)'을 추천한다. 인터넷에서 샘플북을 쉽게 구할 수 있는 이점이 있다.

사이트워드 리더스 활용

사이트워드 리더스 활용의 첫 번째 방법은 많이 노출하는 것이다. 초등학교 학년에 상관없이 영어학습 초기 1~2년은 많은 노출과 따라 읽기가 필요하다. 책과 함께 최대한 많은 소리를 노출하는 것이 좋다. 여러 가지 교육용 프로그램을 사용하여 학생들에게 책과 영상을 계속 따라 읽게 하면서 사이트워드 노출을 최소한 50번 이상하도록 하자.

두 번째로 리더스를 활용하기 전에 사이트워드를 미리 학습해야한다. 사이트워드는 한번 학습 시 3~4개로 학습하는 것이 좋다. 파닉스 교재 2권(단모음과 자음 결합)을 시작하는 시점부터 하나의 유닛 수업에 사이트워드 3개 단어를 학습시키면, 5권(이중모음 학습)이 끝날 때 기본 160개 정도의 사이트워드를 학습하면서 파닉스 학습을 마무리 할 수 있다. 이 과정에서 짧은 글들을 쉽고 자연스럽게 읽을 수 있어, 파닉스 5권 학습 초반부터 리더스 읽기가 가능하다. 한꺼번에 많이 학습하려는 욕심보다는 한 학습 당 세 개 정도로 꾸준히 학습하는 것을 추천한다.

세 번째로 사이트워드는 정확하게 읽을 수 있고 의미를 아는가에 초점을 맞추는 것이 좋다. 하지만 정확하게 스펠링으로 쓰는 것까지 요구하게 되면 오히려 학습을 방해하게 된다. 사이트워드 리더스 또한 정확하게 문장을 해석하기보다는 적절한 속도로 읽을 수 있는지에 목표를 두어야 한다.

영어의 첫 만남은 이렇게 원서인 마더구스를 시작으로 알파벳, 파닉스 학습과 함께 사이트워드 리더스로 이루어진다. 마더구스는 미취학 아이들의 영어 노출에 가장 훌륭한 영어학습 방법이다. 따라서 부모님이 어렸을 때 동요 틀어주듯이 노출하는 것이 가장 효과적인 방법이다. 사이트워드 리더스나 마더구스의 핵심은 적립식 읽기 방식을 취해야 한다. 한 번의 학습으로 끝내는 것이 아니라 계속 반복하면서 같은 책을 여러 번 읽으며 영어의 기초를 단단하게 잡아야 한다.

영어원서의 황금기

(박소윤 뉴욕보니잉글리시 원장)

챕터북, 리더스로 영어에 흠뻑 빠지기

영어의 본격적인 원서 읽기는 다양한 리더스(단계별로 구성된 영어책)를 읽는 것에서 시작한다. 리더스는 일명 단계별 읽기(Leveled Readers) 원서로, 읽기 능력과 자신감 향상을 위해 만들어진 원서 시리즈이다. 단계별로 체계화된 어휘와 문장 구조를 담으며 다양한 시리즈로 구성되어 있다. 의도적으로 선택된 어휘와 문장 패턴은 자연스러운 문장 구조 습득을 가능하게 하며 그림책과 챕터북의 중간 역할을 한다. 따라서 리더스 다음 원서 단계인 챕터북 읽기로 자연스러운 원서학습 연결이 가능하다. 리더스는 주로 얇고 작은 책의 형태로 구성되어 있으며 대표적인 시리즈로는 《ORT 옥스퍼드 리더스(옥스퍼드 대학 출판사에서 출판한 영어 독서 교재 시리즈)》가 있다.

리더스 학습의 목표는 AR 지수를 1~2점 이상으로 만드는 것이다. 여기서 AR(Accelerated Reader)은 영어 독서 수준 지수로, 학년지수라고도 칭하는데 예를 들어 '1.7 지수'는 미국 초등학교 1학년 7개월 아이의 읽기 수준을 의미한다. 우리나라의 중학교 영어 교과서 수준은 3점대 후반~4점대 후반, 고등학교는 6점대 이상으로 이루어져 있다. AR 지수표현은 직관적이기 때문에 책 레벨 구분이 쉽다는 장점이 있다. 따라서 필자는 AR 지수를 활용하여 학생들에게 적합한 원서학습을 결정한다. 아이에게 적절한 리더스 시리즈 활용법을 살펴보자.

리더스 활용법

1. 많이 읽어라.

동일 수준의 책을 최소한 50권~60권 이상 읽은 후, 다음 단계를 시작하는 것을 추천한다. 60권의 책이 과한 느낌이 들 수 있지만, 리더스 시리즈는 한 권이 여섯 장에서 열 장 정도의 얇은 책으로 구성되어 있어 독서 시간이 오래 걸리지 않는다. 한 단계가 20권 정도로 이루어져 있어 완독 시 한 시간이 채 걸리지 않는다. 재밌고 쉬운 책을 여러 권 읽으며 영어 실력 향상은 물론 독서 습관도 잡을 수 있으니 최대한 많이 읽기를 권장한다.

2. 다양하게 읽어라.

리더스는 한 시리즈를 계속 높여서 읽기보다는 같은 레벨의 여러 시리즈를 읽는 것이 중요하다. 예를 들어 《ORT》의 경우 Level 1~3까지는 AR(독서 읽기 수준) 차이가 크지 않기 때문에, Level 3 읽기를 끝낸 이후에 다른 시리즈 Level 1을 병행하여 읽는 것이 좋다. 리더스에는 여러 시리즈가 있지만, 필자가 추천하는 시리즈는 다음과 같다.

리더스 추천 시리즈

1. ORT

　다양한 리더스 시리즈 중 첫 번째로 추천하는 책은 《ORT 옥스퍼드 시리즈》이다. 매우 잘 알려진 만큼 오랫동안 사랑받아 온 책이다. 《ORT》에는 두 가족의 에피소드가 등장한다. 그중 당찬 엄마, 헛똑똑이지만 다정한 아빠, 장난꾸러기지만 사랑스러운 비프, 칩, 키퍼와 귀여운 강아지 플로피가 등장하며 1~4단계까지 일상에서 벌어지는 이야기들을 다룬다. 책에 담긴 그림에는 주인공 외에 재미있는 배경 포인트들이 있어 배경 내용에 대해 추측하면서 읽으면 다양한 사고를 열리게 한다. 《ORT》는 영어 수업 시간에 많이 활용되는 시리즈이며 필자도 강력하게 추천하는 책이다. 이 시리즈는 여러 채널을 통해서 유료나 무료로 접할 수 있다. 그중 유료 채널은 〈리딩앤〉을 추천하며, 무료 채널로는 옥스퍼드사에 가입하여 전자책을 구독하거나, 유튜브에서 ORT 관련 콘텐츠를 검색하여 활용해보기를 추천한다.

2. 디즈니 펀 투 리드

　두 번째로는 《디즈니 펀 투 리드》가 있다 《디즈니 펀 투 리드》는 다른 시리즈보다 레벨이 높은 편이다. Level 1에서 단어와 표현은 다른 시리즈와 비슷하지만, Level 1과 Level 2의 편차가 있어서 두 레벨 사이에 다른 시리즈와 함께 학습하는 것을 추천한다. 병행 시리즈로는 《스톤 아치 리더스》, 《스텝 인투 리딩》, 《아이 캔 리드》를 추천한다.

3. 빅 캣

세 번째로 추천하는 책은 《빅 캣》 시리즈이다. 세계적인 출판사인 〈콜린스〉가 한국인 영어학습자들을 위해서 만들어낸 단계별로 이루어진 책으로 다양한 워크시트를 활용한 학습이 가능하다. 〈EBS〉에서 직접 제작한 강의도 들을 수 있어서 쉽게 활용할 수 있다.

4. 아서 스타터

마지막으로 《Arthur Starter》 시리즈가 있다. 귀여운 아서와 동생, 이해심 많은 부모와 다양한 캐릭터 친구들로 이루어진 원서이다. 아서 시리즈 또한 시중에 다양한 워크북을 구할 수 있어 읽기 후 확인학습에 좋은 서적이다. 이 시리즈의 이야기를 지루해하는 아이들이 거의 없을 정도로 흥미를 겸한 원서학습에 좋은 책이다.

다음 단계 준비

리더스를 충분히 읽었다면 챕터북 세계에 입문해야 한다. 만약 ORT 6단계에서 7단계를 읽는 아이라면, 얇은 챕터북부터 조금씩 노출하는 방식으로 시작하는 것도 좋은 방법이다. 챕터북으로 넘어가는 기준 중 하나가 읽기 속도를 계산하는 것이다. 읽기 속도는 WPM(Words Per Minute)으로 분당 단어 수로 1분에 몇 단어를 듣거나 읽거나 말할 수 있는가를 측정한다. 측정 방법은 다음과 같다.

[(읽은 단어 수 × 60) ÷ 전체 글 읽은 시간 (초) = WPM] (예를 들어 100단어짜리 영어스토리를 2분 만에 읽고 이해했다면 1분에 100단어, 즉 50 WPM으로 계산된다.)

원어민이 1분에 150~200 이상을 읽는다고 보았을 때 리더스를 읽는 아이들은 미국 아이들 2학년 수준인 최소 50에서 70 사이를 확보하여야 한다. 또한, 소리 내어 문장을 읽을 때 속도 면에서 부족함이 보이는 아이는 챕터북을 시작하기보다는, 더 많은 리더스를 다양하게 읽어가는 것이 좋다. 리더스에서 속도감 있게 읽는 능력이 향상이 안 되면 추후 원서를 읽는 힘이 약해지고 결국 원서 읽기를 포기하는 경우가 많이 생기기 때문이다.

진짜 영어 독서의 시작 : 챕터북

진짜 영어 독서의 시작이라고 할 수 있는 단계가 바로 챕터북 단계이다. 챕터북(Chapter Book)은 이야기가 챕터별로 나누어진 소설책을 말한다. 대표적인 챕터북으로는 《매직트리 하우스》가 유명하다. 이 책은 다양한 버전의 시리즈로 구성되어 있는데 학자적이면서 조심스러운 성향의 주인공 잭, 호기심 많은 여동생 애니를 중심으로 이야기가 펼쳐진다. 주인공들이 나무집에서 시간여행을 떠나 사건에 휘말려 위기에 빠지고 새로운 캐릭터의 등장으로 사건이 해결되는 패턴으로 이루어져 있다. 책 안에 주인공과 스토리의 진행이 비슷하게 구성되어 있기 때문에 한 권을 읽고 나면 다음 권부터는 아이 스스로 어려움이 없이 계속된 원서 읽기가 가능하다. 아이들이 언어의 즐거움과 흥미진진한 줄거리에 빠져들며 자율 독서가로서 성장하는 것이다. 얇은 챕터북으로 시작하여 점점 양을 늘려가며 책 읽기의 근력을 키워주는 것이 중요하다.

챕터북의 힘은 무엇일까?

챕터북은 독자가 자신과 비슷한 또래의 주인공이 겪는 크고 작은 사건에 감정 이입하여 공감할 수 있게 한다. 아이들은 자신과 다른 문화권에 속한 학생들도 똑같은 고민을 하고 있음에 위로 또한 받을 수 있다. 게다가 스토리 속에서 여러 시대의 생활과 역사, 과학 등의 다양한 배경지식을 자연스럽게 습득하게 된다. 학습적인 측면에서 볼 때, 현 고등 개정 교육과정에서 영미 소설 읽기를 강조하는 학교가 있기 때문에 챕터북을 읽은 경험이 있는 아이들은 영어 고득점에 유리할 수 있다는 이점이 있다. 챕터북을 읽고 독후감을 써보았던 아이들은 학교 쓰기 수행평가로 영어책을 읽은 후 줄거리를 쓰는 것에 대해 어려움을 느끼지 않는다. 챕터북 읽기가 고등학교 수행평가 고득점까지 이어질 수 있다.

챕터북 활용 지도법

1. 챕터북의 시작은 가이드로

챕터북은 여러 가지 시리즈들이 기본 20권 이상으로 이루어져 있다. 아이 혼자 모든 책을 스스로 읽는 것도 좋지만 한 권 정도는 지도자와 함께 읽는 것이 중요하다. 필자의 수업을 예로 들면, 챕터북 원서 수업 중에 반드시 한 권을 수업으로 진행하며 주인공과 챕터북의 패턴을 설명한다. 이 과정은 학생들이 챕터북을 읽는데 익숙하게 해 줄 뿐만 아니라 간혹 리더스 보다 늘어난 문장 수에 부담스러워 챕터북 읽기를 포기하지 않도록 읽기의 어려움을 줄일 수 있다.

2. 챕터북이 부담스럽다면

리더스에는 그림과 문장이 함께 구성되어 영어 문장이 이해가 되지 않아도 내용 유추가 가능하지만 챕터북은 문장의 연속으로 어느 정도 문장을 이해하지 않으면 읽기에 어려움을 느낄 수밖에 없다. 아직 챕터북 시작을 어려워하는 아이들은 두꺼운 글자가 빼곡하게 쓰여 있는 챕터북으로 바로 시작하는 것보다는 '얼리 챕터북(그림과 텍스트가 함께 나타나며, 글씨 크기가 크고 문장이 간단하게 구성된 책)' 읽기를 시도해야 한다. 얼리 챕터북 읽기 후 챕터북으로 이어간다면 챕터북에 대한 거부감이 줄어들 수 있다.

얼리 챕터북으로는 《Mercy Watson》을 추천한다. 머시 왓슨은 귀여운 사랑스러운 주인공 돼지 머시와 머시를 딸로 생각하고 열심히 키우는 왓슨 부부 등의 개성 있고 재미있는 등장인물들이 등장한다. 더불어 필자가 자주 학생들에게 권하는 얼리챕터북으로 《Billie B Brown》, 《Hey, Jack》, 《Owl diaries》, 《Nate The Great》이 있다.

챕터북에 대한 부담을 줄이는 또 다른 대안으로 영어 만화책과 캐릭터북을 활용하는 것도 좋다. 《Dog Man》이라는 만화책은 총 6권 시리즈물의 악당과 영웅이 등장하는 전형적인 영웅 이야기로, 특히 남학생이 즐겁게 읽는다. 한 소년의 일기 형식의 일상 이야기를 다룬 캐릭터 북인 《Wimpy Kid Diary》와 여자아이 버전인 《Dork Diaries》가 있다.

3. 관심있는 책을 고르자.

챕터북은 관심 있는 책을 쭉 읽도록 장려해야 하는 것이 가장 중요하다. 아무리 유명한 챕터북이라 한들, 독자가 흥미를 느끼지 못하고 강제성으로 읽는다면 읽기 자체에 흥미를 잃을 수 있다. 아이의 관심과 흥미를 고려하여 시리즈를 선택하는 것이 지속 읽기의 핵심 요소이다.

4. 읽기에서 습관으로

모든 독서가 그렇듯 원서 읽기는 지속적인 학습이 중요하다. 독서가 읽기 습관으로 자리 잡기 위해서는 아이와 지도자의 꾸준한 노력이 필요하다. 이에 대한 방법으로 필자는 학생들이 자신이 읽은 책 권수에 대한 기록인 '리딩 로그(독서 활동을 추적하고 관리하기 위한 일지)'를 작성하게 하는데 이 과정에서 학생 스스로 완독의 성취감을 느낀다. 읽기에 대한 보상도 중요하다. 학생들이 시리즈 전 권을 다 읽으면 특별 읽기 배지나 상장을 부여하는데, 이 작은 보상들이 아이들의 책 읽는 습관 형성에 크게 기여한다. 또한 이벤트식의 읽기 방식으로도 독서 습관을 지도할 수 있다. 예를 들어 '방학 동안 100권 읽기' 등의 구체적인 목표를 제시하면 완독 후 목표를 달성했다는 자신감이 쌓여 다음 책에 도전하고 싶어 하기도 한다.

앞서 다뤘듯이 영어원서 읽기는 많은 끈기와 노력이 필요하다. 학생들의 성향과 수준, 흥미를 고려하여 적절한 지도와 본인의 의지가 함께 한다면 영어원서 읽기에서 필승할 수 있을 것이다. 마지막으로 영어원서는 한글 독서가 충분히 이루어졌을 때 더 도움이 된다. 한글 독서와 영어원서 읽기 병행 또한 중요함을 잊지 말고 오늘도 책을 펼치는 아이들을 격려해 주자.

초등영어에서 꽃 피우는
콘텐츠 학습

(박소윤 뉴욕보니잉글리시 원장)

코로나 팬데믹으로 인해 원격 수업이 활성화된 이후로 비대면 학습은 교육과 소통의 중요한 수단으로 자리 잡았다. 다양한 교육 관련 온라인 콘텐츠들은 가정에서도 영어 노출의 환경 조성을 가능하게 한다. 〈유튜브〉, 〈넷플릭스〉, 〈인스타그램〉 등의 다양한 플랫폼을 통해 교육적이면서 재미있는 영상들을 쉽게 접할 수 있다. 이제 종이와 책으로 공부하는 시대는 지나가고 다양한 콘텐츠를 활용하여 학습하는 '콘텐츠 영어학습 시대'라 해도 과언이 아니다. 그렇다면 다양한 콘텐츠를 지혜롭게 활용하는 방법을 살펴보자.

OTT 활용

'OTT(Over-The-Top) 플랫폼'은 인터넷을 통해 동영상 콘텐츠를 직접 시청할 수 있는 온라인 스트리밍 서비스이다. 한국에서 가장 대중적으로 사용하는 OTT 플랫폼으로는 〈넷플릭스〉, 〈유튜브〉, 〈디즈니플러스〉, 〈쿠팡플레이〉 등을 꼽을 수 있다. 이 플랫폼들은 현재 유행하는 주제나 현대적인 스토리의 다양한 애니메이션이나 동화책, 영화 등을 제공한다. 이를 이용하여 언제, 어디에서든지 학생들의 관심과 호기심을 자극하는 영상을 활용한 학습 현장을 구현할 수 있다.

각 플랫폼에 따라 다른 이점을 제공하는데, 초등학생을 위한 영어학습 관련 콘텐츠로는 〈디즈니플러스〉를 추천한다. 디즈니사의 영화와 짧은 단편 애니메이션들은 어린이들을 겨냥한 유명한 캐릭터들과 익숙한 이야기를 담고 있어 학습 활용 시 흥미 유발이 쉽고 내용 또한 유익하여 초등학생 영어학습에 적합하다.

아이부터 어른까지 가장 많이 사용하는 플랫폼으로 방대한 주제와 콘텐츠를 제공하는 〈유튜브〉는 학습자의 필요에 맞춘 키워드 검색으로 영상을 손쉽게 찾고 이용할 수 있다. 예를 들어 여름철에는 공포 이야기, 겨울에는 크리스마스 캐럴 같은 콘텐츠를 검색하여 활용하는데 학생들의 재미를 유발한다. 학습 상황에 맞춘 적절한 콘텐츠를 검색, 활용함으로 학생들의 흥미와 몰입도가 배가 된다.

필자가 저학년 아이들 학습용으로 주로 사용하는 콘텐츠는 〈잉글리시 씽씽〉, 〈페파피그〉, 〈수퍼심플송〉이다. 특히 〈수퍼심플송〉은 익숙한 멜로디의 짧은 영어노래를 담고 있어 미취학 아동들은 물론 초등학교 저학년 수업에 많이 사용하고 있다.

유튜브를 활용한 발음 연습도 가능하다. 다양한 영어 발음과 억양, 리듬감, 강세 연습 영상들을 활용하여 발음 연습을 할 수 있으며, 특히 유튜브의 '쇼츠'영상은 60초를 넘지 않는 짧은 영상으로, 집중도가 짧은 학생들이 부담 없이 학습하기에 좋다. 영어 발음학습 채널로 ⟨SpeakEnglishwithvanessa⟩, ⟨Sharon Kang⟩, ⟨하이빅쌤⟩을 추천한다. 이 중 ⟨하이빅쌤⟩ 채널의 강의는 수업 복습용으로 활용하면 좋다.

학습플랫폼 활용

영어학습 자체를 위해 제작된 플랫폼들도 있다. ⟨Kahoot⟩, ⟨클래스 카드⟩, ⟨퀴즐렛⟩등은 영어학습과 게임을 접목한 플랫폼으로 이 사이트들은 학생들이 재미있게 영어학습을 할 수 있는 좋은 수단이다. 특히 ⟨클래스 카드⟩의 배틀 게임은 같은 그룹의 참여자들과 단어를 뜻이나 스펠링을 적는 게임으로, 학생들의 경쟁심을 자극하여 몰입도가 높다. 한글 단어나 영어 쓰기가 아직 어려운 초등학생들에게는 ⟨퀵드로우(Quick, Draw!)⟩를 추천한다. 이 플랫폼에서는 그림과 영어학습을 연계시킨 학습법을 제공하는데, 단어를 제시하면 학생들이 그림을 그리는 방식으로 진행되어 저학년 학생들에게 유용하고 재미있는 학습 도구이다.

웹사이트 활용

다양한 영어원서들을 무료로 제공하는 온라인 사이트로 학습이 가능하다. 학생들이 영어 독서를 즐기며 언어 습득에 도움을 받을 수 있도록 다양한 원서들을 제공한다. ⟨Free Kids Books⟩, ⟨스토리 라인 온라인 사이트⟩

등은 어린이들을 위한 다양한 영어원서를 무료로 제공하는 사이트로, 〈스토리 라인 온라인 사이트〉에서는 유명인들이 영어 동화책 등을 읽어주며, 자막과 함께 시청할 수 있도록 유튜브와 연계되어 있어 원서읽기 학습 사이트로 추천한다.

'e-book' 독서로 유명한 〈밀리의 서재〉 또한 다양한 오디오북을 제공하여 원서 읽기에 활용 될 수 있다. 밀리의 서재에서 제공하는 디즈니 콘텐츠는 학생들에게 익숙한 애니메이션 스토리를 오디오북으로 제공하여 영어 읽기 능력을 향상하는데 도움이 된다

영자신문 활용

다양한 콘텐츠 중 영어학습에서 가장 활용도가 높은 것은 영자신문이다. 영자신문은 고급 영어학습의 지름길로, 영어를 공부하고자 하는 사람들에게 누구나 한 번씩은 공부해 본 콘텐츠일 것이다. 현재 화두가 되는 사건이나 문제 등을 다루고 우리 생활과 가장 밀접한 영어표현을 배우며 사용할 수 있는 콘텐츠이기 때문이다.

언어 학습에서 어휘 습득은 많은 노출이 필요하다. 필자는 영자신문을 난이도 높은 단어들을 노출하고자 수업용 교재로 활용한다. 학생들이 영자신문을 학습할 때 배경 지식을 이미 충분히 가지고 있어서 어휘가 어려워도 어렵게 받아들이지 않고 흥미를 느낀다.

대표적인 영자신문은 〈NE Times(능률출판사에서 발간하는 영자신문)〉가 있다. 레벨이 'Kinder', 'Kid', 'Junior', 'Times'로 구성되어 있고 각 레벨에서도 Level 1, 2, 3으로 세분되어 있어 수업 시간에 학생들의 수준에 맞게 기사를 선정해서 읽을 수 있다. 〈NE Times〉는 유료구독이 필요하

므로 비용이 부담스러울 수도 있다. 처음은 자신이 읽기 필요한 레벨을 능률출판사에서 제공하는 무료 샘플을 활용하거나 〈EBS〉사이트의 자기주도 학습의 온라인 콘텐츠 부분에서 〈NE Times〉기사를 한 달에 두 번 총 8개의 기사를 무료로 제공해 주는 것으로 시작해보자.

많은 해외 기사 사이트도 영자신문 학습에 활용할 수 있다. 구글에서 'kidsnews'를 검색하면 다양한 사이트들이 나열되는데, 그중 학습에 적합한 것을 택하여서 활용하면 된다. 만약 신문 기사가 너무 어렵다면 Chat GPT를 활용하여 어휘의 난이도를 낮추어서 활용해 보자.

영자신문 기사는 육하원칙으로 구성이 되어있어서 질문도 이 원칙으로 만들어서 말하기나 쓰기로 활용하면 영자신문의 활용도가 높다. 필자는 영자신문 활용 수업 시 학생들이 기사의 주제와 관련해 자기 생각을 고찰할 수 있는 주제를 선정하거나 세계적인 이슈를 선정한다. 배경 지식으로 1~2분의 영상 시청 후 기사를 같이 읽고 관련 질문으로 서로 토론하면서 수업을 진행하다 보면 학생들이 "이번 주는 어떤 신문 기사 읽어요?"라고 질문할 정도로 흥미를 보인다.

콘텐츠 활용 주의사항

지금까지 다양한 콘텐츠를 살펴보았다. 여기서 가장 중요한 것은 학생들이 관심을 가지고 레벨에 맞는 것을 선택하도록 돕는 것이다. 각자의 기호에 맞춘 적절한 콘텐츠 사용은 학생들이 영어를 즐겁게 학습하며 영어의 여러 영역의 실력을 골고루 향상할 수 있게 한다. 단, 콘텐츠 활용을 아무 목표 없이 그냥 선택해서 하면 영상 시청에 그치게 된다. 영상을 일회성으로 보는 것이 아닌 뚜렷한 학습 목표를 설정하여 활용해야 한다. 예를 들어 학습자가 본인의 억양이나 발음을 잘 알고 싶다면 하루에 한 개씩의 발음 콘텐츠를 학습해서 노트에 정리하고 그 다음 날 다시 전 것을 복습하면서 나아가야 한다.

콘텐츠의 세계는 방대하다. 따라서 모든 콘텐츠를 전부 학습하려는 욕심은 학습을 지치게 만든다. 영상에서 중요한 표현 몇 가지만을 학습하여 세부적인 계획을 설정하고 달성해 가는 것이 좋다. 영자신문 또한 모든 내용을 다 읽기보다는 흥미로운 주제를 선택적으로 읽는 것이 좋다. 학생들이 모든 문장을 이해하고 다 암기하는 것보다는 충분한 시간을 가지고 계속 반복하는 것이 효율적이다. 영어 공부에 반드시 학문적인 것만이 아닌 다양한 영상을 통해서 학습할 수 있다는 생각을 가지고 콘텐츠를 활용하면 좋다. 암기가 아닌 노출에 초점을 맞추고 학습해야 한다.

마지막으로 효과적인 콘텐츠 활용을 위해 하나의 영상을 반복 시청하는 것이 중요하다. 한글이나 영어 자막 없이 영상을 보게 되면 소리에 익숙해지고 자연스레 그 소리를 따라 하게 된다. 추후 어느 정도 소리에 익숙해지면 중요한 표현까지 익힐 수 있어 영어학습의 효과가 배가 된다. 충분히 소리로 노출한 후 단어와 중요 문장 익히고 활용하여 실제 말하기 연습으로 이어지는 방법으로 학습하면 한 영상을 완전하게 아이의 것으로 만들 수 있다.

제대로 된 학원 하나만으로
해외 유학 이기기
(안지원 드림빅잉글리시 원장)

해외 유학만이 정답일까

영어학습을 위해서 가장 좋은 방법은 역시 영어를 사용하는 나라에 가서 사는 것이다. 특히 초등학교 1~3학년 때 해외 유학을 가는 것이 가장 효율적이다. 그 나이의 아이들은 모국어가 잘 자리 잡아 외국어도 습득이 빠르고 몇 년간의 어학연수 후, 우리나라에 돌아와서도 학교 교과과정에 무리가 적다. 그러나 불과 몇 년의 차이여도 초등학교 4학년 이후에 해외 유학을 하러 간다면 시기가 애매해진다. 영어는 잘 배워 오겠지만 해외 유학 후에 다시 돌아왔을 때 우리나라의 강도 높은 학업을 잘 따라갈 수 있을지도 걱정이거니와, 수학이나 사회, 과학, 국어 등의 주요 과목의 공백을 따라가는데 더 많은 시간과 노력을 들여야 한다.

중학교 때 어학연수로 해외 유학을 하러 간다면 여러 상황을 종합해 보았을 때 장기 유학으로 가는 것이 좋다. 중학교부터는 한국과 외국의 교육 과정이 완전히 다르고 입시제도 또한 복잡해지기에 대부분 장기 유학으로 아이를 보내게 된다. 고등학교 때 해외 유학을 가는 경우도 간혹 있는데, 이 경우에는 입시에 큰 영향을 미치기 때문에 현지 외국대학을 진학하기도 한다.

해외 유학은 큰 비용이 드는 것부터가 문제지만, 모든 것을 내려놓은 채 가족과도 떨어져 오로지 영어에만 집중하러 먼 타국에서 지내는 것부터 대단한 일이 아닐 수 없다. 모든 것을 다 포기하고 떠나는 해외 유학만큼 영어가 확실하게 늘 방법도 없다. 하지만 해외 유학을 가면서도 잃는 것이 많다. 새로운 환경 그 자체인 해외에서 적응하고 살아가느라 정서적으로 힘든 시간을 보내는 것은 말할 것도 없거니와, 해외에서는 우리나라의 교과수업을 아무리 따라가려야 따라갈 수가 없다. 해외에서도 수학이나 과학 등 주요 과목 학습을 하지만 우리나라의 교과 수준과 난이도가 확연히 달라 귀국 후에 다시 학습을 어떻게 이어가야 할지 미리 계획을 잘 세우고 준비해야 한다. 영어는 얻어도 다른 과목은 많이 잃을 수밖에 없는 것이 해외 유학이다.

그렇다면 해외 유학을 보내지 않고도 가족의 사랑 속에서 사춘기도 잘 이겨내며 주요 과목도 놓치지 않으면서 영어 실력까지 최대로 올릴 방법이 있을까?

내 집 거실로 해외 유학 가기

단언컨대 요즘은 단군 이래 영어 배우기 가장 좋은 시기이다. 우리는 스마트폰을 24시간 가지고 다니고, 강력한 온라인 동영상 플랫폼인 유튜브도 언제든지 활용할 수 있으며, 유튜브는 심지어 지금도 계속 쉬지 않고 양질의 콘텐츠들이 계속해서 생성되고 있다. 평생을 다 봐도 못 보고 죽을 만큼 방대하고 좋은 영상자료들이 이미 유튜브 세계에 넘쳐흐른다. 인터넷 검색만 해도 미국 아이들이 일상에서 매일 쓰는 영어도 클릭 몇 번 만에 찾을 수 있고, Chat GPT와 영어로 실시간으로 대화도 나눌 수 있고, 물어보는 것에 금세 답을 내준다.

영어 공부하다가 발음이 어렵다거나 어떤 상황에서 쓰이는 말인지 궁금하면 인터넷 검색 한 번으로 궁금증은 곧바로 해소된다. 심지어 아주 생생하고 실제 같은 영상자료를 여러 가지 버전으로 순식간에 확인할 수 있다.

이런 것이 아무것도 없던 시절에는 영어를 잘하려면 해외로 나가는 방법이 유일했다. 어학연수에 가면 하루 종일 영어 소리에 노출되어 귀가 뜨이고 말이 트였다. 그렇다면 지금은 어떤가? 앞서 말한 바와 같이 콘텐츠 홍수 속에 살고 있는 우리는 군이 영어권 국가로 어학연수에 가지 않아도 24시간 영어로 말하는 생생한 소리에 노출될 수 있고, 어찌 보면 어학연수 가는 것 보다 더 효율적으로 듣고 말할 수도 있다.

영어권 국가에 가면 무조건 귀가 뜨이고 입이 트인다는 환상도 버려야 한다. 어차피 유학을 가더라도 생활하다 보면 가는 곳이 정해져 있고, 만나는 사람도 정해져 있다. 경험할 수 있는 영어환경이 무한할 거라는 착각은 하지 않는 것이 좋다. 물론 영어권 현지에서는 영어 소리 환경에 절대적으로 노출이 많은 것은 사실이고, 현지에서 보고 느낄 수 있는 세계 문화에도 좋은 영향을 받을 수 있다. 하지만 그 비싼 유학비용을 감당하면서까지 유학이 절대적인 방법인 시대는 지나갔다는 이야기이다.

해외 유학이 주는 장점도 분명히 있지만 유학으로 잃게 되는 점들도 많기에 유학을 가지 않아도 내 집에서 충분히 좋은 유튜브 콘텐츠와 Chat GPT, 말하기 프로그램 등을 이용하여 해외 유학을 따라잡을 실력을 충분히 만들어 줄 수 있다. 해외문화나 영어권 나라를 직접 경험해 주고 싶다면 방학을 이용한 단기 영어 캠프나 한 달 살기 여행으로 영어권 나라를 경험해 볼 수도 있다.

해외 유학을 이기는 좋은 학원이란

아이의 성향을 이해하고 충분한 고민 끝에 영어학습 방향을 정하고 나서, 해외 유학이나 어학연수 대신 우리나라에서 정규 교육과정을 공부하면서 영어학습을 하기로 했다면, 꾸준히 끈기 있게 정진해야 한다. 이때부터는 영어를 하려면 해외에 나가야 한다거나, 어느 나라의 교육프로그램이 좋다거나 하는 주변의 이런저런 말에 흔들리지 말기를 바란다.

우리나라 영어학원에 보내면 좋은 점은, 잘 따라가기만 해도 영어 성취가 많이 된다는 것이다. 게다가 규칙적으로 적절한 학습 시간을 일정하게 채워나갈 수 있고, 학습량도 누적되어 아이가 잘 흡수하고 협조한다면 영어 실력 또한 많이 는다. 이렇게 영어몰입 시간이 늘어나고 절대시간이 채워지고 나면 영어 자신감이 붙는다. 영어는 훌륭한 시스템이나 강의가 중요하지 않다. 꾸준히 노력하고 체화하며 시간을 투자해야 유창하게 영어를 할 수 있는 수준에 오를 수 있는 것이다. 그렇다면 해외 유학만큼의 어학 실력을 키울 뿐 아니라 내신 입시까지 두 마리 토끼를 다 잡는 학원은 어떤 학원일까.

아이의 학습 진행 상황을 잘 알고 있고 숙제 관리가 잘 되는 학원은 기본은 하는 학원이다. 그런데 생각보다 이 기본을 못 하는 학원이 많다. 아이가 처음 와서 레벨 테스트를 받았을 때와 현재 학습하고 있는 수준의 차이를 잘 알고 앞으로 어떻게 지도할 것인지 계획하는 학원은 아이의 학습력을 기반으로 그 이상의 실력 향상을 발휘할 수 있도록 계획과 목표를 가진 곳이다. 내 아이를 잘 알고, 더 도약할 수 있도록 시간별 계획을 준비할 수 있는 곳이 이상적인 학원이다.

이제는 영어 수업에서 한 사람의 강의력이 중요한 시대는 지나간 지 오래다. 영어 과목은 선생님이 많이 떠들고 열심히 강의하고 보여주는 것이 좋은 수업이 아니라, 아이가 많이 참여하고 열심히 실행하며 영어의 전 영역에서 부족함이 없도록 아이를 잘 이끌어 주는 것이 좋은 학원의 역할이다.

원어민 교사가 있는 어학원은 어떨까. 내가 어학원에서 원어민 교사들과 함께 다년간 업무를 하며 느낀 것은, 원어민 교사의 수업은 초·중급 단계 아이들의 스피킹 수업의 기본을 만들어 줄 수는 있지만 현실적으로 아이들의 부족한 부분을 꼼꼼히 채워주거나 잘하는 아이들이 더 잘할 수 있도록 이끌어 주지는 못한다는 점이다. 원어민 수업의 비용 대비 차라리 영어에 능통한 한국인 교사에게 밀착 지도를 받는 것이 더 효과적이다. 요즘은 전문적인 영어 교육을 받은 한국인 영어 교사도 많고, 국내외의 TESOL 과정을 이수하거나, 해외에서 대학을 졸업한 한국인 교사들의 교습력이 더 좋은 경우도 많다.

아이가 이미 높은 수준의 영어를 구사하고 원어민과의 토론이나 더 세심한 표현을 익혀야 하는 수준에 이르렀다면 원어민 교사와의 수업이 도움이 많이 되지만, 초·중급 단계라면 전문적인 한국인 교사에게 세심한 지도를 받으며 영어학습 성장을 이끌어가는 것이 더 좋다. 한국인 교사와 체계적인 영어학습의 체계를 쌓아가면서 유튜브 영상 강의나 애니메이션 소리 영어 프로그램으로 아이가 꾸준히 영어 대화에 노출될 수 있도록 절대적인 노출시간을 확보해 주자. 회화연습으로는 화상영어나 전화영어로 일대일로 집중해서 대화하는 훈련을 병행하여 지속한다면 눈부시게 영어 실력이 향상될 것이다.

영어 정서가
영어 괴력을 만든다
(안지원 드림빅잉글리시 원장)

좋아하기 시작하면 게임 끝

영어를 잘하고 즐기는 아이들의 특징이 있다. 모두 영어를 좋아한다는 것이다. 어렸을 때부터 영어를 좋아해서 차근차근 실력을 쌓거나 어떤 계기로 인하여 관심이 생겨서 자꾸 보게 되고, 보게 되니 좋아지고, 좋아지니 더 열심히 하고, 열심히 하니 잘하게 된다. 처음부터 영어를 좋아하고 영어학습 환경에 잘 적응해서 실력자가 된다면 가장 좋겠지만, 영어에 관심이 없거나 영어를 넘기 힘든 높은 담처럼 생각하다가 뒤늦게 영어와 사랑에 빠져서 급성장하기도 한다.

앞서 영어거부감에 관해 이야기한 바와 같이 영어는 개인적인 성향과 취향을 많이 담아내는 과목이다. 똑같은 학습력을 가진 아이들이어도 성향과 취향에 따라서 학습 태도나 적극성이 아주 다르다. 표현력이 중요한 영어 과목에서 적극성을 가진 아이는 영어를 받아들이는 속도나 활용하는 능력이 뛰어나다. 이런 적극성은 아이들에게 내재 된 동기가 뿜어낸다. 영어를 학습하는 데 있어서 이러한 내재적 동기는 학습 의욕을 높여준다.

영어학습에 대한 동기는 크게 두 가지인데, 하나는 도구적 동기이다. 도구적 동기는 어떤 목적을 달성하기 위해서 학습하는 것으로 예를 들면, 좋은 직장을 들어가기, 시험 성적을 잘 받기, 자격증 취득하기 등이 될 수 있다. 또 다른 하나는 통합적 동기로, 영어 자체에 호감이 있거나, 영어를 사용하는 문화에 자신을 동기화하거나 통합하여 그 사회에 속하기 위해 영어를 학습하는 것을 말하는데, 우리가 주목해야 할 것은 바로 이 두 번째 동기인 통합적 동기이다.

통합적 동기는 쉽게 말하면 영어에 대한 호의적인 마음을 갖는 것인데, 여러 연구 결과에 따르면 통합적 동기를 가진 학습자는 도구적 동기를 가진 학습자보다 외국어 능력 시험에서 더 높은 성취를 보인다고 한다. 우리의 영어 교육은 도구적 동기에 이끌려가는 현실이 대부분이지만, 아이 스스로가 영어에 호감을 느끼고 내재적인 동기로 인하여 영어를 즐기게 된다면 통합적인 동기가 쌓이게 된다.

이렇게 영어를 좋아하게 되면 영어학습의 새로움과 적정 수준의 도전을 추구하고, 자신의 재능과 능력을 사용하여 더욱 증진하고자 노력하고, 계속 탐구하고 학습한다.

다시 말해 영어를 좋아하는 아이는 통합적인 동기로 무장하여 자신을 발전시키고 성장시킨다. 그렇다면 영어 공부에 있어서 가장 중요한 것은 '영어를 좋아하는 것'이라고 할 수 있겠다.

덕질을 허하라

그렇다면 어떻게 해야 영어를 좋아하도록 만들 수 있을까? 학원에서는 아이들을 지도하면서 오감을 자극하는 만들기부터, 쿠킹 클래스, 영어 미술 수업, 무비 데이, 파자마 파티, 영어 보드게임대회 등 아이들이 즐겁게 영어를 배울 수 있는 환경을 끊임없이 만들어 준다. 다양한 액티비티 수업을 하다 보면 어떤 아이는 너무나 즐거워하는데, 어떤 아이는 아예 관심조차 없기도 하다. 재차 이야기하지만, 영어는 개인별 성향과 특성이 굉장히 많이 반영되는 과목이기 때문에 아이마다 즐거움을 느끼는 포인트가 다 다르다. 그렇다면 아이가 어떤 것을 좋아하고 무엇에 관심도가 높은지 먼저 이해해야 한다.

나는 학원에 처음 오게 된 아이들을 만나면 먼저 꼭 물어보는 것이 있다. "영어 잘하게 되면 뭐 하고 싶어?", "요즘 제일 재미있고 좋아하는 게 뭐야?" 아이와 학습 시작 전에 라포 형성을 위해 이런 질문들을 하는 이유도 있지만, 사실 이 질문 속에는 아이의 내재적 동기를 알아내어 그것을 미끼 삼아 영어 정서를 가득 채워주고 말겠다는 의도가 들어있다. 이 미끼를 덥석 문 아이들은 대답한다. "포켓몬 좋아해요. 영어 잘하면 포켓몬 세계대회에 나가고 싶어요.", "해리포터 영화요. 영국에 해리포터 스튜디오 가보고 싶어요. 그리고 영국에 킹스크로스역 9와 4분의 3번 승강장도 진짜 있다는데 거기도 꼭 가보고 싶어요. 저 호그와트 그리핀도르 옷도 있는데 그거 입고 갈 거예요."

내재적 동기가 보이는 아이들은 이렇게 더 묻지도 않았는데 신이 나서 이야기한다. 갑자기 눈이 반짝반짝하고 머리 위에 조명이 탁 켜지는 것처럼 몰입상태가 된다. 이렇게 아이의 강력한 흥미를 파악한 후 아이가 가진 이 관심사를 영어에 연결해준다. 영어를 도구로 사용하면서 아이가 즐겁게 영어학습을 할 수 있도록 덕질을 허용해 준다. 포켓몬스터를 좋아하는 아이에게는 포켓몬 영미권 유튜브를 구독해서 영어로 영상을 보도록 하고, 외국의 프로게이머들의 대회를 영어로 시청하게 한다.

좋아하는 분야를 영어로 접하면서 영어도 같이 익힌다. 해리포터를 좋아하는 아이에게는 해리포터 영화를 더빙판이 아닌 영어로 보게 한다. 해리포터의 소설을 원작 원서로 읽으며 영어에 대한 흥미도 함께 불러일으킬 수 있다. 노래 듣는 것을 좋아하는 아이에게는 팝송을 들려주자. 어떤 팝가수를 좋아하거나 팝송 한 곡이 인생 노래가 되어 영어에 흠뻑 빠지게 될 수도 있다. 나도 팝송을 좋아해서 평생 영어를 좋아하고 영어를 잘하게 된 대표적인 케이스이다.

좋아하는 것을 즐기다 보면 그것이 공부라고 생각하지도 않고 힘든지도 모른다. 아이의 관심사는 성장하면서 바뀌지만, 그에 맞추어 영어와 잘 연결해서 영어 감수성을 키워주면 된다. 100% 교육적인 방법이 아니라고 고정관념에 사로잡혀 책만 붙들고 있게 할 것이 아니라 아이가 진짜 좋아하는 것을 찾아 영어와 연결해 보라. 강력한 영어학습 동기가 될 것이다. 아이와 관계가 좋아지는 것은 덤이다.

학창 시절에 어떤 것에 푹 빠져있던 친구들을 기억해 보자. 하루 종일 일본 만화책을 보고 그림을 따라 그리고 일본어도 독학으로 터득하던 관이라는 친구는 시각디자인을 공부하고 일본에 오가며 활동하는 유명한 디자이너가 되었다. 학교에서 온종일 다이어리 꾸미고 만들기에 관심이 많던 수정이는 영국에서 플로리스트 공부를 하고 와서 샵도 운영하고 전국을 다니며 강의하는 전문가가 되었다. 학창 시절 내 주변의 덕후들은 다들 성공했다. 무엇인가에 몰입하고 진정으로 좋아하는 것이 있다는 것은 아이에게 열정이 있다는 증거이다. 아이의 덕질을 허용하자. 아니 덕질을 격하게 응원하자.

영어는 온몸으로 느끼는 것

긍정적인 영어 정서를 만들기 위해서 가장 좋은 방법은 직접 영어를 사용하는 나라에 가서 그 나라의 문화를 체험해 보고, 영어를 쓰는 사람들을 직접 만나 대화를 해 보는 것이다. 우리나라에 사는 원어민을 만나는 것과 영어권 나라에서 사는 현지인들을 만나는 것은 아주 다르다. 영어권 나라에 자주 가는 것은 현실적으로 어렵기 때문에, 대체 경험으로 영어 감수성을 키워주는 것이 필요하다. 요즘은 꼭 해외에 나가지 않더라도 영어를 생생하게 접할 수 있는 환경을 쉽게 만들어 줄 수 있다. 예를 들면 미국 현지에 있는 원어민과 1:1 화상영어로 매일 30분씩 얼굴을 보며 대화할 수도 있고, 전 세계의 수준급 개인 유튜버들이 업로드하는 세계 곳곳의 다양한 환경의 생동감 넘치는 영상자료를 잘 선별하여 보게 하는 것도 아이들에게 영어에 대한 흥미를 불러일으키고 영어 감수성을 키울 수 있는 방법이다.

넷플릭스의 미드는 생활영어를 익히는데 아주 좋은 도구가 된다. 미드는 미국 드라마를 일컫는데, 미드나 영드(영국 드라마)는 특히 자연스러운 대화로 실생활에 자주 쓰는 영어를 익힐 수 있고, 재생 속도까지 조절할 수 있어서 발음이 너무 빠른 경우에는 느리게 재생해서 볼 수도 있다. 여러 번 반복해서 보고 싶은 경우는 원하는 만큼 충분히 다시 보고 대화를 들을 수 있다.

미드로 배우는 영어는 형식적인 회화에서 벗어나 실제 현지에서 사용하는 생활영어로 활용도가 높고 어색하지 않은 최신 표현을 알 수 있다. 또한 원어민의 발음과 억양, 강세를 습득할 수 있고 원어민만 아는 줄임말이나 유행어도 배울 수 있다는 장점이 있다. 직접 현지에서 생활하며 겪어야 알 수 있는 표현을 드라마라는 흥미롭고 재미있는 소재를 통해서 학습할 수 있어서 추천하는 영어학습 도구이다.

유튜브는 구글에서 운영하는 세계 최대의 동영상 공유 플랫폼으로 다양한 영어 영상 자료를 볼 수 있다. 특히 유튜브는 엔터테인먼트 시청을 넘어서 지식공유를 위한 양질의 영상이 끊임없이 올라오기 때문에 영어학습을 목적으로 활용한다면 아주 좋은 도구가 될 수 있다. 유튜브는 전 세계의 유명 언론사나 뉴스 기관, 교육 기관 등에서 과학이나 문화, IT, 경제, 환경 등 다양한 주제를 신뢰할 수 있는 자료로 제공하기 때문에 흥미 있게 시청하면서 영어학습도 할 수 있다. 유튜브 콘텐츠는 무료로 쉽게 접할 수 있다는 장점이 있지만 너무 오랜 시간 시청하거나 의존하지 않도록 보조적으로 활용하는 것이 좋겠다.

팝송으로 영어를 배우는 방법 또한 영어 감수성을 키우는 좋은 방법이다. 음악은 감정을 일깨워주는 언어라고도 할 만큼 사람의 감정을 쉽게 만들어낸다. 음악만큼 사람의 마음을 빨리 변화시키는 것도 없다. 눈에 보이지 않지만, 음악은 이렇게 힘이 세다. 팝송은 노래 가사를 통해 영어표현을 배우면서 문법 패턴을 익힐 수 있고, 자연스럽게 발음과 연음을 배울 수 있다. 영어 듣기는 가장 중요하면서도 기본인데, 팝송으로 듣기 연습을 즐겁게 할 수 있다. 좋아하는 음악 취향에 따라 장르를 선택해서 들을 수 있고 영어 표현을 노래로 외우면 장기기억으로도 오래 기억할 수 있다.

영어를 단순히 학습적인 방법으로만 공부하기보다 아이의 관심사와 성향에 맞는 방법으로 모든 감각을 사용하여 접할 수 있다. 미드나 영화로 생활영어를 배우고, 유튜브로 양질의 지식을 얻고, 팝송으로 감동하며 영어를 즐긴다면 영어 정서도 긍정적으로 채워지고 영어 자존감까지 높아질 것이다.

영어가 만만한 영어 자존감

이렇게 아이 스스로가 영어를 즐기다 보면 어느 순간 영어는 더 재미있어진다. 거부감이 없기에 새로운 영역이나 처음 접하는 진지한 주제에도 비교적 잘 스며든다. 좋아하는 취향대로 영어를 즐기다가 조금씩 영어를 접하는 범주를 넓히며 영화든, 원서든 다양한 영어 콘텐츠를 흡수하다 보면 아이의 내면에 영어의 어순이나 발음, 문법 패턴, 관용적 표현 등이 탄탄하게 쌓인다. 영어 정서가 뿌리를 잘 내리게 되는 것이다.

이때부터 부모가 억지로 영어 공부를 강요하지 않아도 스스로 영어를 학습하는 자기주도학습 습관을 형성하게 된다. 주도적으로 영어학습을 하는 아이는 영어를 듣는 것을 좋아하고 더 잘 들으려고 노력하게 되고, 결국 영어가 술술 튀어나온다. 이러한 방법이 영어를 '학습적'으로 높은 성취를 하게 하는 직접적인 결과가 되지는 않지만, 아이의 영어 정서는 영어를 본격적으로 학습하는 데 있어서 아주 좋은 밑거름이 된다. 꾸준히 영어를 접하고 즐거운 감정으로 오래도록 영어를 쌓아온 아이는 수많은 어휘와 문장의 구조에 대해 자연스럽게 이해할 힘을 가진다. 이렇게 든든하게 채워진 영어 정서는 "나 영어 잘하네?"라는 영어 자존감을 갖게 해준다.

영어 자존감은 영어학습에 있어서 자기효능감이 발현되는 것으로, 자기효능감(self-efficacy)은 자신이 어떤 일을 성공적으로 수행할 수 있는 능력이 있다고 믿는 기대와 신념이다. 영어를 어렸을 때부터 일상에서 많이 경험하거나 영어를 두려워하지 않고 편안하게 생각하며 긍정적인 영어 감각을 느낀 기회가 많았던 아이는 영어 자존감이 높다.

영어 자존감이 높은 아이는 어려운 학습 상황에서도 해낼 수 있다는 믿음을 가진다. 영어 공부를 하며 힘들더라도 포기하지 않고 노력하는 강한 원동력이 되어 지치거나 힘들어도 극복하고 이겨낼 수 있는 큰 힘을 갖게된다. 그렇기에 건실한 영어 자존감을 형성하기 위해서 부모나 교사는 아이가 영어를 좋아하고 즐길 수 있도록 도와주고, 영어에 대한 호기심과 흥미를 가득 채워서 아이에게 유익한 영어 경험을 많이 만들어 주어야 한다.

한눈에 보는
초등영어 교육과정의 핵심
(박소윤 뉴욕보니잉글리시 원장)

초등학교 3학년부터 학교에서 정규 교과 영어학습을 시작한다. 공교육 교육과정이 시대에 흐름에 따라 개정되는데 우선 2025년부터 적용되는 2022 개정 초등 교육과정을 소개하고자 한다.

2022 개정 교육과정

1. 교과영역 변화

기존의 교육과정은 듣기, 말하기, 읽기, 쓰기 네 가지 영역으로 나뉘었던 데 비해 새 교육과정은 '이해(reception)'와 '표현(production)'으로 개편되었다. 이러한 변화는 이제 우리 사회 곳곳에서 '디지털 리터러시(디지털 시대에 필수적으로 요구되는 정보 이해 및 표현 능력)'와 '멀티모달 리터

러시(다양한 매체의 텍스트를 해독하는 능력)'가 요구되면서 기존의 네 가지 영역의 경계가 모호해졌기 때문이다. 일상에서 드라마를 볼 때 영상과 자막을 동시에 보며 읽기와 듣기 영역을 동시에 사용하거나, 말하기 훈련을 하면서 번역기나 AI로 질문을 던지기도 하는 등의 상황에서 네 가지 영역이 뚜렷하게 구분되지 않듯이 영어학습이 '이해'와 '표현'의 두 영역으로 나뉘게 되었다.

2. 다양한 디지털 매체 활용

개정된 영어과정은 디지털, AI의 학습 방법을 통한 교육을 포함하는데, 이는 책 외에 여러 디지털 매체를 활용한 수업 방식의 다양성에서 비롯된다. AI, 앱, 번역기 등의 디지털 도구를 활용하여 학습자 수준에 맞는 맞춤형 학습을 제공함으로써 저학년의 쉬운 학습과 고학년의 심화학습까지 더 빠른 이해를 제공하기 위해 새 교육과정 학습 방식에 채택되었다.

3. 파닉스 교육 강조

초등영어교육 과정에서 가장 눈여겨 볼만한 변화는 파닉스 교육의 강조이다. 기존의 영어 교과서는 주제별 학습으로 구성되어 있지만, 개정 교육과정은 파닉스 교육을 강조한다. 파닉스 규칙을 먼저 익히고 단어를 읽어내는 힘을 키운 뒤, 그 규칙에 어긋나는 단어를 노출과 반복 학습으로 계속 익히면 영어학습을 탄탄하게 시작할 수 있다. 실제로 필자가 파닉스 규칙을 익히고 영어학습을 하는 학생들과 그렇지 않은 학생들의 학습성취율을 비교해 봤을 때, 파닉스와 예외 규칙을 배운 학생들이 영어를 더 쉽고 빠르게 익히는 경우가 많았다.

4. 문법용어 기재

문법영역에서 명사, 대명사, 부정사, 동명사 등 문법 용어를 기재했다. 기존에는 문법 항목에 명사, 대명사 등의 문법 용어 없이 예문으로만 영어 문장을 학습하고 중학교 때 문법 용어를 처음 접하게 되는 교육과정이었다. 이것이 초등영어에서 중등영어로의 연계를 힘들게 하는 한 요인이었다. 이 문제를 해결하기 위해 새로운 교육과정에서 미리 문법 용어를 접하게 함으로써 중등영어 수업으로의 연계를 강화하는 것을 목표로 한다.

5. 쓰기 교육 강화

기존 교육과정에서는 3~4학년 때 쓰기 영역에서 낱말, 어구 쓰기만이 이루어졌는데 새 교육과정에서는 5~6학년 때의 문장 쓰기 학습 부담을 줄이고자 3학년 때부터 문장보고 쓰기 교육을 시작한다. 쓰기 부분이 더 일찍 시작한다는 면에서 쓰기능력 향상이 중요할 것으로 보인다.

그럼 현재 내 아이가 학교에서 영어학습을 잘 소화해내고 있는지 알기 위해서는 15년 개정 교육과정을 알 필요가 있다. 학년별로 현재 초등학교 영어 공교육 과정을 살펴보기로 하자.

3학년 영어 교육과정의 특징

초등학교 3학년 영어 교육과정은 영어를 처음 접한다는 가정하에, 알파벳부터 파닉스, 기초 어휘, 인사말 등의 기초 문장을 습득하는 과정으로 이루어져 있다. 어휘는 240개 낱말 내외, 문장길이는 7개 이하 정도이다. 일주일에 40분씩 2회밖에 되지 않는 수업시수 안에서 모든 교육과정인 듣기, 쓰기, 말하기, 읽기 학습이 진행되므로 수업 전개 속도가 빠를 수밖에 없다.

1학기에 기본 6~7과 이상의 빠른 진도로 학습하기 때문에 가정에서 충분히 복습하는 것이 좋다. 현 교육과정은 파닉스학습이 포함되지 않아, 파닉스 학습 없이 3학년을 맞이하는 아이들은 단어학습이나 문장 읽기에서 차이가 날 수 있다. 이를 위해 파닉스는 3학년 전이나 3학년 때 함께 학습해놓는 것이 좋다.

4학년 영어 교육과정의 특징

4학년은 3학년 때 배운 기초 어휘를 바탕으로 본격적인 문장 읽기가 시작되는 단계이다. 4학년에서 기본 문장 읽기가 제대로 훈련되어 있지 않으면 다음 학년 학습에 어려움을 겪을 수 있다. 따라서 4학년 때 기초 어휘나 사이트워드에 대한 확실한 학습이 필요하다. 4학년 교육 과정의 목표는 사이트워드, 기초단어, 기본 문장 패턴의 학습으로 두고 있다. 읽기 수준은 AR 1점으로 두는데, 이 읽기 수준은 미국 학년 기준 1학년 읽기 수준이다. 1점대에는 교과서 외에 많은 영어책을 읽어서 읽기 능력을 향상해야 한다. 또한 학생들이 기본적인 문법요소에 대해 익숙해지도록 주어와 동사의 문장 패턴을 학습하는 학년이다. '명사', 'be 동사'등의 정확한 문법 용어를 짚어가며 학습하지는 않지만 문장 학습 과정에서 자연스럽게 문장 속 기초 문법 구조를 익히게 한다.

5학년 영어 교육과정의 특징

5학년은 초등학교 고학년으로 모든 과목의 난이도가 상승하는 학년이다. 3·4학년에 이해 기능인 듣기, 읽기의 강조였다면, 5학년부터는 문단 쓰기를 강조한다. 전 학년에서는 단문으로만 문장이 구성되었지만, 5학년부터는 문장들이 합쳐져서 문단의 형태로 읽기와 문장 쓰기를 요구한다. 구두점, 문장 연결사 등 글을 논리적으로 구성하는 영어 글쓰기를 학습하는 학년이기도 하다. 그러므로 다양한 어휘와 문단을 구성하는 방법 등의 영어 글쓰기에 필요한 요소들을 학습해야 한다.

6학년 영어 교육과정의 특징

6학년 영어 교과는 5학년과 큰 차이가 없다. 따라서 복습 위주의 학습으로 교과서 문장을 말하고 쓰기를 반복하면 도움 된다. 학교 교육과정의 내용 외에 앞에서도 언급했지만 6학년은 중학교 대비가 필요한 학년이므로 기본적인 문법 학습을 해야 한다. 문법 용어, 명사의 개념과 수, be 동사, 일반동사, 특히 여덟 개의 품사의 개념을 미리 학습하면 중학교 영어에서 자신감을 가지고 학습을 할 수 있다.

지금까지 3~6학년의 현 교육과정 핵심과 2025년에 시행되는 개정 교육과정에 대해서 다루었다. 교육과정의 기본적인 사항들을 잘 알고 대비한다면 학생들이 영어에 흥미와 자신감을 가지고 꾸준히 나아갈 수 있는 기본적인 바탕을 마련하는 데 도움이 될 것이다. 또한 향후 개정되는 교육과정에서 변경된 사항들을 잘 이해하고 준비하여 학생들이 영어교육을 효과적으로 받을 수 있도록 준비할 필요가 있다. 개정 교육과정에서의 변경된 사항들을 잘 이해하고 준비하여 학생들이 영어교육을 효과적으로 받을 수 있도록 하자.

Part 2

이것이 내신이다.
중등영어
(정주희 정쌤영어 원장)

초등학교 때 잘하던 아이,
라떼는 버려라

"라떼는 말이야~" 요즘 유행하는 온라인 표현이다. 나이가 많은 사람들이 "나 때는 말이야~"라고 후배들에게 훈수를 두는 말이 우유를 혼합한 커피음료 이름 'Latte'와 비슷해 신종 유행어 '라떼'가 되었다. 즉, 라떼를 운운하는 사람은 '고리타분한 어른'이라는 말이다.

라떼는 우리가 흔히 생각하는 어른들에게만 적용되는 표현이 아니다. 초등학교 아이들에게 유치원 새싹반에서의 추억을 떠올리는 '라떼'가 있으며, 초등학교 고학년생에게는 갓 입학한 저학년 시절을 떠올리는 '라떼', 그리고 중학생에게는 초등학교 시절이 바로 '라떼'라고 하겠다. 중학생의 라떼는 주로 학부모의 한숨에서 많이 나온다.

내 아이의 영어학습 태도가 초등학교 때와 판이하게 다르다면, 엄마는 아이가 영어를 잘하던 아이인지 아니면 단지 부모 말을 잘 듣던 아이인지, 객관적이고 냉정하게 돌아봐야 한다.

엄친아 변천사

"초등학교 때는 영어 말하기 대회 상도 타고 외고를 보낼까 했던 아이였는데 요즘은 핸드폰만 쳐다보고 제 말은 도통 듣지를 않아요."

초등학교 고학년 때 만났던 영은이는 소문난 모범생이었다. 예의는 물론 성적까지 학부모들의 부러움이자 아이들의 선망 대상이었던 영은이 뒤에는 아이를 휘어잡던 어머님이 계셨다. 재학 중인 학원의 친구들, 교재 진도 테스트 결과, 그리고 아이 친구들의 이름까지 어머님은 영은이의 모든 것을 다 확인하고 알기를 원하셨고 아이는 그런 어머님을 실망하게 해 드리고 싶지 않아 했다. 아이가 제일 두려워하는 것은 엄마에게 실망감을 안겨주는 것이었다. 숙제가 미흡하거나 테스트에서 낮은 점수를 받았다는 피드백이 어머님 귀에 들어가는 날에는 종이 귀퉁이를 찢으며 수업에 집중하지 못하거나 선생님에게 점수를 올려주면 안 되겠냐고 요청하는 등의 불안한 모습을 보였다.

어머님의 바람대로 초등학교 졸업 후 영은이는 첫 중등 시험에서 1학년 전 과목 만점의 좋은 결과를 얻었다. 하지만 아이가 점점 사춘기로 접어들며 마의 중2에 접어들 무렵, 아이는 친구들과의 연락, 게임 등 공부 외에 다른 세계에 관심을 가지기 시작했다. 부모님은 영은이를 다시 학업 쪽으로 집중시키고자 부단히 노력하며 전쟁을 거듭했지만 결국 영은이는 모든 학원을 다 끊고 공부하지 않겠다고 선포했다. 어머님의 회유와 윽박은 더 이상 아이를 움직이게 할 수 없었던 것이다.

초등학교 때는 엄마가 제시하는 방향을 따르며 콩나물처럼 쑥쑥 성장하는 듯했던 아이가 초등 고학년 무렵 정체기에 머무는 모습을 보인다. 영어만큼은 잘한다고 자부하던 아이들이 중학교 입학 후, 쌓아둔 밑천이 갈수록 고갈되며 결국 점점 성적이 떨어지는 모습을 심심치 않게 목격한다.

초등까지는 부모의 관심이 아이들에게 큰 영향을 끼치고 결과로 직결될 수 있다. 하지만 중등은 다르다. 본인이 힘을 내야 한다. 부모는 아이들을 통제하기보다는 공감하며 '지도자'의 역할에서 '조력자'의 역할로 변화해야 한다. 엄마가 이끄는 대로 따라가던 '라떼'에게 작별 인사를 하고 아이에게 최고의 동기부여자가 되어주자.

영어를 잘하던 아이

"초등학교 때는 영어가 더 좋았는데 이제는 수학이 더 재밌어요... 저 영포자 될 것 같아요." 초등학교 시절 알록달록 흥미 위주로 학습했던 영어 공부가 중등 과정에 접어들면서 점점 딱딱해지고 재미없어진다. 특히 원서 및 논픽션 지문까지 섭렵했던 아이들은 중등 독해에 큰 어려움을 느끼지 못하지만, 8품사와 주어, 서술어, 보어 등의 낯선 문법 용어들을 접하면서 '내가 알던' 영어와의 거리감을 느낀다. 수학은 정답을 유추하고 풀어내는 과정이 즉각적 쾌감을 주는 반면 영어는 알면 알수록 미궁에 빠지는 듯 점점 지루한 과목이 되어간다. 이런 학생은 본인이 정확하게 알고 모르는 것이 무엇인지 분별하지 못해 답답함을 호소하는데, 주로 문법 학습에서 장벽을 느끼는 경우가 대다수이다.

문장의 형식을 예로 들어보자.

He made a decision.

그는 결정했다.

He made her a toy car.

그는 그녀에게 장난감 차를 만들어 주었다.

He made her cry.

그는 그녀를 울게 했다.

"위 문장들의 차이점이 뭘까?"

주로 내가 문법 기초 개념을 설명할 때 아이들에게 묻는 질문들이다.

학생들이 해맑게 대답한다.

"해석이 달라요."

"그러면 해석이 왜 달라지는지 설명해 볼래?"

"…"

간단한 세 문장의 해석은 쉽지만, 단어 make 동사의 형식에 관한 정확한 개념이 없다면 소위 어릴 때 영어를 잘하던 초등 친구들에게도 설명이 어려울 수밖에 없다. 문법은 개념으로 접근하면 독해보다 더 쉬울 수 있다. 낯선 문법의 세계에 발을 내딛는 학생은 포기하지 말자. 문법의 기초 개념을 터득하며 영어 실력을 쌓아간다면 다시금 배움의 기쁨을 느끼는 때로 돌아갈 수 있다.

"엄마 때는 말이야…"

'라떼'가 부정적인 말만은 아니다. 상황에 따라서 진심으로 경험자의 입장에서 조언하는 태도는 아이에게 좋을 수 있다. 하지만 선을 넘어 "우리의 방식이 맞다."라는 식의 흐름이면, 아이들에게 한낱 잔소리가 될 수밖에 없다. 부모들도 학습이 어려웠던 시절을 되새기며, 성장해 가는 우리 학생들에게 따뜻한 조언과 강압을 구분하여 아이들에게 힘이 되어 주자.

중등은 초등학교 학습의 스트레칭을 끝내고 도움닫기를 할 시기이다. 아이들이 본격 마라톤에 돌입해야 한다. 학습에 라떼는 없다. 초등 시기를 잘 해낸 중등들이여. 라떼를 버리고 심호흡해야 한다.

포기하긴 이르다
노베이스 중등영어

"She bed tired yesterday." 의 탄생.

　영어를 잘한다는 아이들이 밀집한 학군에서 근무하던 시절이었다. 중학교 1학년 때 처음 영어 공부를 시작한 성일이와의 수업 첫날, 또래에 비해 영어 실력에 자신이 없었던 성일이는 수업 시간 내내 소극적인 모습을 보였다. 하루는 아이에게 be 동사를 차근차근 설명하고 질문을 던졌다.

She _____ (be) tired yesterday.
"자, 이 문제의 답이 뭘까?"

　이 문제의 정답은 삼인칭 단수 She와 과거 표현 yesterday에 시제를 맞춘 'She was tired yesterday'이다.

하지만 한참을 고민하던 성일이가 조심스럽게 써낸 답은 아래와 같았다.

"She bed tired yesterday."

yesterday가 있으니, 동사의 과거형은 써야겠고 e로 끝나는 단어에 e를 생략하고 d를 붙이는 일반 동사의 과거형과 be 동사를 혼동하여 'bed'가 탄생한 것이다.

"왜 답이 bed인지 설명할 수 있니?"

본인의 답을 다시 설명하라는 물음에 성일이는 말문을 닫았다. '역시 내가 틀렸구나.' 싶어 살짝 주눅 들어 있던 모습이었다.

"잘했어. 이렇게 풀면 되는 거야."

비록 답은 틀렸지만 여러 가지 개념을 섞어가며 고민했던 성일이의 창의성은 그럴 듯 했다. 성일이가 자신 없어 하던 오답을 칭찬해 주니 약간 놀란 듯하며 쭈뼛쭈뼛 다른 문제들도 풀어가기 시작했다. 이후로 나는 단어암기나 숙제를 잘 해 오면 아이에게 상으로 천원을 주었다. 지루하고 어려웠을 영어 시간에 칭찬받고 용돈벌이도 하니, 갈수록 성일이의 눈이 점점 반짝거리는 것이 느껴졌다. 변성기의 소년이었지만 아직 영어 실력만은 어렸던 성일이는 점차 흥미롭게 영어 수업에 참여했다. 이후엔 조동사 파트까지 진행하면서 점점 자신감과 실력을 키워가기 시작했다.

노베이스 중등 학생, 영어 공부를 늦게 시작한 학생 그리고 시행착오를 겪고 포기한 이들 모두 학습 방법이 서투르거나 '영어는 재미없고 어려운 과목'이라고 느끼는 것이 공통점이다. 이들에게는 학습 방법 습득에 앞서 영어학습에 대한 긍정적인 인식을 갖게 하는 것이 우선이다. 더불어 또래에 비해 자신 없어 하는 아이의 특징을 고려해야 한다. 즐거운 학습 환경을 조성하고 참여를 유도함으로써, 영어에 자신감을 키워줘야 한다. '근자감'(근본 없는 자신감)이라도 좋다. 칭찬과 격려로 그들에게 영어 자신감의 불씨를 지펴주자.

기초 부족 노베이스를 위한 학습법

영어단어를 학습하고 활용하는 것은 영어 실력을 향상하는 데 필수적인 과정이다. 기본 어휘가 구성되어야 그 힘으로 노를 저어 영어의 바다를 항해할 수 있다. 그렇다면 단어학습은 어떻게 해야 할까?

단어장 정리

나만의 단어장을 만들자. 내가 가장 좋아하는 디자인으로 만든 노트를 사서 가장 잘 써지는 펜으로 어휘를 정리하며 나와 수시로 익숙해지도록 노출한다. 차곡차곡 채워지는 단어장을 통해 꾸준히 학습한다면 타 과목 학습 연계는 물론 나만의 학습법을 찾아가며 성취감을 느끼게 될 것이다.

1. 단어장 필수요소

정확한 표현과 다양한 사용법을 숙지하기 위해 단어장 정리 과정에서 품사, 파생어, 그리고 예문을 빼놓지 말아야 한다. 예를 들어 영어단어 'work'를 검색하면 동사와 명사로 스물 여덟가지 정의를 확인할 수 있다. 간단한 단어일지라도 다양한 사용법과 의미가 있다. 단어 각각의 정의마다 하나의 예문을 포함하여 학습하는 것은 추후 문장을 원활하게 이해하는 데 도움이 될 뿐만 아니라 문법적인 실수를 줄일 수 있다. 많은 학생이 단어와 뜻만 암기하려는 경향이 있다. 하지만 품사는 문법 학습과 직결되는 영어학습에 중요한 일부분이다.

파생어 숙지는 고등영어 선행에 필수이다. 따라서 동의어, 반의어, 유의어를 정리하며 자연스럽게 추가적인 단어 습득이 가능하다. 또한 단어의 쓰임에 따라 예문을 정리해 놓으면 향후 난이도 있는 영어 지문에서 모르는 단어를 접할 때 뜻이 정확하게 떠오르지 않아도 단어가 주는 뉘앙스로 내용 유추가 가능하다.

2. 정리와 매칭

단어 정리 후 매칭 작업은 자신이 원하는 순서나 분류에 맞춰서 진행하는 것이 좋다. 한쪽에는 영어단어를 적고, 그 옆에는 해당 단어의 정의를 적어두는 방식으로 짝지어진 단어들을 학습하고, 자신의 기억을 확인하며 셀프 테스트해 보자.

만약 단어의 발음이 어렵거나 파닉스가 잡혀 있지 않아 읽기가 어려우면, 단어암기는 그림 암기와 유사한 어려움을 겪을 수 있다. 다행히 시중에 출판된 단어장들은 무료 음원 파일이나 QR코드를 제공하여 원어민의 정확한 발음을 확인할 수 있다. 음원으로 단어학습을 할 때는 큰 소리로 발음을 따라 하자. 단어 암기는 영어를 처음 배울 때처럼 내가 입으로 소리 내고 손으로 쓰면서 다양한 감각을 활용하는 훈련에 집중해야 한다.

처음에는 시간이 걸릴 수 있지만, 10~20개의 단어로 시작하여 다음 날에는 전날 암기한 단어들을 누적해가며 셀프 매칭 테스트를 해 보면 점차 암기 시간이 단축되고 어휘가 확장되는 것을 스스로 느끼게 된다.

3. 단어쪼개기

단어장을 만든 후에는 정기적으로 복습하는 것이 중요하다. 반복적으로 보고 기억력을 향상하는 훈련을 하자. 단어의 정의, 예문을 주기적으로 다시 보며 최대한 노출하여 단기 기억에 있는 단어들을 장기기억 저장소로 이동시켜 보자. 장기 기억력은 우리가 양치하기, 물 마시기 등 굳이 떠올리지 않아도 자연스럽게 행동으로 옮길 방법들을 수행하는 기억력을 말한다. 물 마시는 행동을 굳이 기억하려 하지 않듯이 단어의 뜻이 자연스레 떠오를 때까지 반복을 통해 단어의 의미를 깊이 각인시켜보자.

교재 선택

나에게 맞는 옷을 고르려면 나의 체형을 정확히 알아야 하듯이 교재 선택도 본인의 실력을 알아야 탁월한 선택을 할 수 있다. 영어학습에 대한 불안감으로 무작정 중학교 타이틀의 어휘와 문법 교재를 사서 풀어보려고 시도한다면 작심삼일로 포기하기 쉽다. 너무 어려운 난이도의 교재는 학습의 흥미를 떨어뜨리고 너무 쉬운 것은 긴장도를 낮춰 학습을 느슨하게 만들기 때문이다.

단어장과 독해집 모두 한 페이지 기준으로 모르는 단어가 일곱 개에서 열 개 정도 있는 것을 고르자. 모르는 단어란 보자마자 뜻이 머릿속에 떠오르지 않는 단어이다. '알 것 같은' 단어도 모르는 단어에 포함해야 한다. 중등 수준의 영어교재도 기초부터 고등 대비를 위한 서적까지 난이도가 다양하므로 서점에 직접 방문하여 선택하길 추천한다. 교재 선택이 너무 힘들다면 학교 교과서로 반복 학습하는 것도 하나의 방법이다. 유튜브 채널이나 인터넷 음원을 이용하여 음원 듣기와 본문 읽기를 반복하며 최대한 영어에 노출해야 한다.

듣기는 최대한 빠르게

　중등 듣기 평가 문제가 어렵게 느껴진다면 빠르게 듣기 학습에 돌입해야 한다. 중학교까지 리스닝 기본 실력이 갖춰져 있지 않으면 소위 '남들은 다 맞는' 모의고사 듣기 평가 고득점을 놓칠 수 있기 때문이다. 또한 청취 학습은 미루면 미룰수록 습득하는 시간이 더뎌지므로 하루라도 빨리 학습에 돌입하길 권장한다. 미드나 팝송 등 최대한 영어와 익숙해질 수 있는 쉽고 재밌는 콘텐츠로 시작하여 점차 난이도를 높여 보자. 중고등 영어 듣기 평가의 문제들은 대부분 표준 억양이나 어휘로 구성되어 있기에 TED 강연, 영어 뉴스 등을 병행하는 것이 도움이 된다.

　중학교 시기는 고등학교 입학 전 영포자에서 벗어날 마지막 기회이다. 아직 실력을 따라잡을 시간이 있다. 남들보다 더 위기감을 갖고 학습해야 하지만 처음부터 무리할 필요는 없다. 내 실력에 맞는 소규모 그룹수업이나 과외로 실력을 바로 잡을 수 있다, 그렇지 않다면 어서 서점을 찾아가 본인에게 맞는 교재부터 골라 영어 실력을 높여 노베이스 탈출의 첫걸음을 내디뎌 보자.

누군가에겐 기회의 시간이다
중1

"우리 현우 이제 중학생이구나."

"중학교 가서 백 점 받아오렴."

현우는 어색하고 빳빳한 새 교복을 입고 중학교 교문을 들어섰다. 입학을 앞두고 친척 어른들로부터 격려와 풍성한 세뱃돈도 받았다. 이제 의젓한 중학생이다. 새로운 책을 펼치는 설렘과 함께 낯선 중학교 생활에서 오는 불안감이 엄습한다. 하지만 TV에서 봤던 밤새 시험 준비를 하며 머리를 싸매던 형과 누나들의 모습과는 달리 수행평가와 다양한 활동을 진행하면서 정신없이 한 학기가 지나갔다. 현우는 자율 학년제를 시행하는 학교에서 학습 중이다. 지필고사가 없는 중학교 1학년의 학습, 자율 학년제란 무엇일까?

자율 학년제

자율 학년제는 2018년부터 시작되었다. 2017년에 교육기본법이 개정되어 정식으로 도입이 결정되었고, 2019년부터는 서울특별시, 경기도, 인천광역시, 충청남도에서 시행 중이며 점차 시행 범위를 넓혀가고 있다. 이는 기존의 학년 단위 교육 체계를 벗어나 학생에게 맞춤형 교육 기회를 제공하고자 하는 목적으로 도입된 교육 방식이다. 중학교 학생은 교과목 수강 이외에도 자신의 흥미와 능력에 따라 다양한 프로그램을 선택할 수 있다. 각 프로그램은 진로 탐색, 창의적 문제 해결, 독립적 학습 등을 강화하는 방향으로 운영되고 있다.

기존의 교육 시스템에서는 학생이 정해진 교육 과정을 따라가고, 고정된 시간표에 따라 수업을 듣는 것이 일반적이었다. 반면 자율 학년제의 경우 학생에게 학업과 관련된 결정을 자유롭게 내리도록 하여 자기 주도적인 학습을 촉진하고 미래 진로에 대한 흥미와 역량을 발전시키는 것을 목표로 한다. 2025년부터 시행되는 고교학점제에 발맞추어 가는 시스템이라 할 수 있다.

누군가에게는 기회의 시간

자유학기제는 학기 중에 할 수 있는 여러 활동이 학생의 선택에 맡겨지기 때문에 일부 학생은 학습에 대한 책임을 제대로 지지 않고 휴식이나 다른 비 학업 활동에 시간을 투자한다. 하지만 어느 학생에게는 영어의 부족함을 메우는 시기가 된다. 누군가는 이 시간을 활용하여 고등수준 학습까지 준비하는 것이다. 영어는 선행학습도 중요하지만 끊임없는 학습과 반복훈

련이 더욱 중요하다. 따라서 주어진 시간을 기회 삼아 영어학습을 지속해야
한다.

놓치면 후회하는 중1 영문법

문법은 개념 이해가 중요하지만, 어느 정도는 수학 공식처럼 반복 암기
가 필요하다. 영어학습에서 암기는 필수 불가결한 요소라고도 볼 수 있다.
따라서 문법 개념 학습과 동시에 암기를 통해 기초를 탄탄하게 쌓아야 한
다. 아래는 암기가 필수적인 영어 문법 개념들이다.

불규칙동사 변화

중학교 1학년 영어 교과에서 동사의 시제에 대해서 학습한다. 학습 시
불규칙 동사의 과거형을 과거분사까지 확실하게 숙지해두면 나중에 수동
태, 현재 완료, 그리고 과거분사와 관련된 내용을 학습할 때 큰 도움이 된
다.

명사

중학교 전까지 명사를 확실하게 숙지하지 않았다면 셀 수 있는 명사와
없는 명사에 대한 구분과 불규칙 변화 명사를 꼭 숙지 해 놓자. 문법에서 주
어와 동사의 수일치는 가장 기본이 되는 개념이다. 주어가 단수 복수인지
구분할 수 있어야 수일치도 가능하다.

비교급과 최상급

형용사 부사의 비교급과 최상급은 음절에 따라 'er'과 'more' 혹은

'est' 'most'를 단어 앞뒤에 붙인다. 하지만 음절 개념은 한국말과 영어가 다르므로 형용사 부사의 비교급 최상급을 최대한 노출해 자연스럽게 알아 두는 것이 좋다. 또한 불규칙 변화도 있으니 이는 꼭 암기해 놓자.

to 부정사와 동명사

부정사의 용법 가리기와 타동사의 목적어로 부정사와 동명사를 선택하는 문제는 내신 대비 단골 출제 문제이다. 타동사에 따른 부정사 동명사 여부를 모두 암기할 필요는 없다. 교과서에 자주 출제되는 목록을 추려 기본적인 동사와 목적어를 숙지해 놓으면 중학교 지필고사 준비에서 시간을 절약할 수 있다.

아직은 원서를 놓지 말아야 할 때

초등학교 졸업과 함께 원서 읽기를 졸업하는 학생이 많다. 하지만 중학교 1학년은 다른 학년에 비해 상대적으로 시간적 여유가 있는 시기이다. 학년을 거듭할수록 학습량이 많아지기 때문에 책을 좋아하는 학생조차 시간 부족으로 책을 펴지 못하는 경우가 많다. 지필고사가 없는 중1은 문해력 향상의 마지막 기회라고 할 수 있다. 학년이 높아질수록 영어 지문의 길이도 더 길어지기 때문에 원서를 많이 읽어놓은 학생은, 지문을 읽는 속도에서 다른 학생보다 더 유리하다. 시간을 투자하여 원서 읽기를 계속해야 한다. 원서 읽기 수준이 중간 정도인 학생은 외고 필독 도서를 미리 읽어두는 것으로 고등학교 입시를 준비하는 동시에 이점도 얻을 수 있으니, 원서를 놓지 말자.

듣기평가 대비

　중학교는 영어 노출 시작점에 따라 학생 간에 듣기 실력 차이가 벌어지는 시기이다. 또한 중학교 수행평가에서 듣기 평가 점수를 포함하는 경우가 많다. 중학교 3학년 정도의 듣기평가는 수월하게 고득점 하도록 듣기 실력을 쌓아놓아야 한다. 노베이스 학습에서 언급했던 듣기 학습법을 참고하여 듣기 평가 점수는 안정적으로 확보해 놓자.

　중학교 1학년 영어학습은 초등학교 과정과 연계되어 초등영어를 정리하는 과정으로 난이도가 크게 상승하진 않는다. 하지만 초등학교보다 수업 시수가 더 많이 늘어나며 문법, 어휘, 독해 등으로 세분된 수업을 하므로 자연스럽게 더 많은 시간을 투자하여 학습해야 한다. 또한 중학교에서는 글로만 구성된 책에 대한 적응이 필요하다. 글의 의미를 파악하고 이해하는 능력을 향상하기 위해서 충분한 독해 연습으로 문해력을 키워, 영어교재를 스스로 습득할 수 있도록 노력하는 것이 중요하다. 앞서 언급했던 여러 가지 요소들을 참고하여 주어진 시간을 기회의 시간으로 삼아 알찬 중학교 1학년을 보내길 권장한다.

본격적인 내신 대비의 시작
중2

중학교 2학년, 본격적으로 지필고사가 시작되는 시기이다. 영어 과목의 평가는 지필고사와 수행평가를 합산한 학기별 점수로 90점 이상 A등급, 80점 이상 B등급으로 절대평가 체제의 등급으로 책정된다. 수행평가와 지필고사 점수 합산 방식은 학교에 따라 상이하지만, 주로 60:40 혹은 50:50의 기준으로 지필고사와 수행평가가 비슷한 비율을 차지한다. 따라서 중학교 2학년 영어에서 필승하기 위해서는 지필고사와 수행평가를 동시에 준비해야 한다. 학생의 평소 학습 참여도를 개선하고 말하고 쓰는 실용 영어 실력을 향상하기 위한 수행평가 팁을 살펴보자.

영어 수행평가 팁

포트폴리오 관리

　선생님께서 수업 시간에 주신 프린트물이나 과제를 정해진 기한 안에 작성하여 제출하는 방식으로 평가가 진행된다. 일반적으로 학생에게 기한 내에 완성하도록 충분한 시간 여유가 주어지지만, 의외로 많은 학생이 이를 놓치고 감점 받는 경우가 있다. 평소에 꼼꼼한 필기 습관이 잡혀있지 않거나 선생님의 지시사항을 제대로 이해하지 못하는 학생은 포트폴리오 관리 점수에서 고전하는 것이다. 포트폴리오 작성은 수업 시간 집중도와 학습 태도를 반영하는 요소이다. 바른 학습 태도로 포트폴리오 만점을 목표로 하여 수행평가의 기본 점수라 할 수 있는 포트폴리오 항목 점수를 확보해 놓자.

쓰기와 말하기

　"선생님 저 영어 수행평가 있어요."

　선생님이 나눠주신 수행평가 안내문을 들고 와 옥희가 울상을 짓는다. 평소 쓰기는커녕 읽기도 하지 않았던 옥희. 한글로도 힘든 글쓰기를 영어로 해야 한다니 눈앞이 캄캄한 것이다. 같은 반 친구들은 걱정 없이 수행평가 준비를 하는 것 같아 속상한 마음이다. 어디서부터 어떻게 글쓰기 시작을 해야 할지 막막해 영어 학원 선생님께 조언을 구해본다.

　평소 옥희처럼 글쓰기 수행평가 앞에서 작아지는 친구들을 많이 보곤 한다. 중학교 2학년 영어학습에서 가장 중요한 부분은 영어의 기본적인 어휘와 문법을 바탕으로 읽기, 쓰기, 듣기, 말하기의 네 가지 기술을 골고루 발전시키는 것이다. 학교에서는 학생이 영어를 다양한 상황에서 자유롭게 이해하고 소통하는 능력을 갖추고자 쓰기와 말하기 위주의 활동으로 수행평가를 진행한다.

　영어 작문은 수행평가 평가 기준 고지 이후 1~2주 정도의 준비시간을 가진 후, 평가시간에 작성하여 제출하는 방식이다. 특정 문장을 암기하면 고득점을 했던 과거와는 다르게 수행평가는 본인의 생각을 문법적인 오류 없이 논리적으로 표현하는 데 점점중점을 두고 있다. 따라서 수행평가는 평소에 글쓰기 연습이 덜 된 학생에겐 너무 어려운 과제인 것이다. 그렇다면 수행평가와 직결되는 영작은 어떻게 실력을 쌓아야 할까?

문법의 이해와 활용

　올바른 문법 이해와 사용을 위해 해당 교과서 진도에 부합하는 구문을 적용하여 영작해야 한다. 중학교 2학년에서는 문장 구조와 동사 시제, 조동사, 전치사 등의 문법 학습을 진행한다. 이를 통해 학생은 문법적인 오류를 최소화하는 훈련을 하게 되는데, 영작이 서툰 학생이라면 짧은 문장이라도 매일 두세 문장씩 영작하고 첨삭해 보자. 영어 첨삭은 온라인 첨삭 사이트 그래머리 (https://www.grammarly.com)를 추천한다.

감점 기준 확인

　수행평가 글쓰기 작성 시 담당 선생님들이 제시하는 감점 기준을 꼭 확인하여 평가 기준에 어긋나지 않는 결과물을 만드는 것이 매우 중요하다. 예를 들어 '관계대명사가 들어간 문장을 두 문장 이상 포함하시오.'라는 평가 기준이 있을 시 문장 안에 관계대명사 which, that, who의 관계대명사를 바르게 포함한 문장을 작성하였는지, 관계대명사절 안에 수일치는 제대로 되었는지에 관한 꼼꼼한 문법적 확인이 필요하다.

영어로 말하기

　말하기 수행평가도 쓰기와 비슷한 과정으로 진행되며 준비한 내용을 충분히 숙지하고 암기하여 선생님 앞에서 발표하는 방식으로 진행한다. 발표는 실전처럼 연습해야 한다. 친구나 가족들 앞에서 소리 내어 모의 발표를 해 보는 것이 도움이 된다. 이 또한 너무 힘든 일이라면 휴대폰을 사용하여 잠시 스트리머가 되어보자. 휴대폰을 평가자라고 생각하고 발표를 촬영하는 것이다. 최소 5회 이상 이 훈련을 하다 보면 자신감이 생긴다. 녹화된 본인의 모습을 보면서 목소리나 제스쳐 등의 몰랐던 습관도 발견하며 나를 더욱더 객관적으로 보는 일석이조의 경험 또한 할 수 있게 된다.

어서 와 내신은 처음이지?

　수행평가 지침을 잘 따랐다면 이제 본격적인 실력을 판 가르는 지필고사를 준비해야 한다. 중학교 1학년 때, 시험이 없는 자율 학기제에 해당하는 학생에게는 처음 접하는 지필고사에 대한 부담이 커질 수 있다. 하지만 너무 많은 걱정은 말자. 출제자는 나를 가르쳐주신 학교 선생님이기에 수업에 집중하고 선생님의 강조나 추가 설명을 놓치지 않고 잘 숙지한다면 지필고사에서도 좋은 성과를 얻을 수 있다. 학습 방법과 지필고사 준비에 미흡한 학생을 위해 몇 가지 유용한 팁을 소개한다.

실수를 줄이는 내신 대비 문제 풀이 팁

1. '~한다.'와 '~했다.'는 다르다.
　서술형 문제 풀이에서 학생이 가장 많이 하는 실수 중 하나는 주어와 동사의 수일치와 시제에 맞는 영작이다. 지필고사 범위 내에서는 주요한 문법에만 집중하는 경향이 있기에 가끔 주어와 동사의 수일치나 시제 부분을 놓치는 학생이 많다. '~을 한다.'는 현재 시제의 표현이며 '~을 했다.'는 과거를 나타낸다. 동사는 주어의 시제를 반영한다. 시제도 문법의 중요한 요소중 하나이다. 따라서 한글 뜻에 따라 시제를 맞추어 영작하는 것도 서술형 문제에서 중요한 평가 기준이므로 사소하게 여기지 말고 한글 제시 문장을잘 읽고 시제에 맞춰 영작하는 것을 잊지 말아야 한다.

2. 문장의 기본 요소를 잊지 말자.

정답을 작성했음에도 불구하고, 가끔 문장을 소문자로 시작하거나 문장 뒤에 마침표나 물음표를 생략하여 감점 받는 경우가 종종 있다. 이는 사소해 보일 수 있지만, 문장 작성 기초 규칙을 놓치지 않도록 재차 확인하여 안타까운 감점을 최소화하는 훈련을 해야 한다.

3. 제대로 문제 읽기도 시험의 한 부분이다.

시험 문제를 꼼꼼하게 읽지 않아서 오답을 내는 학생이 많다. "다음 중옳은 것은", "틀린 것은", "모두 고르시오"와 같이 지시사항을 꼼꼼히 확인하여 아는 문제를 놓치지 않도록 주의해야 한다. 문제 풀이의 첫 단계는 특별한 지시사항에 동그라미나 밑줄을 표시하여 문제를 체크하는 것임을 잊지 말자.

4. 모르는 문제는 미련을 버리자.

시험은 주어진 시간 안에 정확하게 문제 풀이를 하는 것이 목표이다. 문제를 풀고 답지에 체크하고 정답을 확인하는 시간을 포함하여 30분 안에 전체 문제 풀이를 완료하고, 나머지 시간에는 답안지 마킹과 검토 작업을 해야 한다. 모르는 문항에 너무 매달려 시간을 지체하면 나머지 문제 풀이를 서두르다가 틀릴 가능성이 높아지므로 수시로 시간을 체크하면서 문제 풀이를 진행하는 연습도 필요하다.

5. 기출 문제 풀이는 선택이 아닌 필수이다.

시험을 앞두고 암기에만 집중하는 학생을 많이 보지만, 정작 문제 풀이 훈련이 부족하여 실망스러운 결과를 초래할 수 있다. 중등 교과서에서 다루는 주요 문법과 핵심 내용은 정해져 있다. 따라서 시중에 있는 기출 문제 풀이를 훈련하는 것이 큰 도움이 된다. 문제 풀이 중 선택지에서 모르는 단어들이 등장한다면, 이는 중등 교과과정의 필수 단어이므로 숙지하여 내 것으로 만들어야 한다.

예전에는 교과서와 기출 문제만 암기하면 높은 점수를 받을 수 있었지만, 현재는 충분한 어휘력이 없으면 모르는 단어 때문에 오답이 될 수 있다. 기출 문제에서 오답이 발생하면 반드시 답을 확인하고 오답 유형을 파악하여 정리해야 한다. 이는 유사한 문제를 틀리지 않기 위한 목적이다. 많은 양의 문제 풀이만이 실력 향상을 보장하지는 않는다. 이는 어떤 과목 시험을 준비하더라도 필수적인 부분이니 문제 풀이만큼 오답 정리에도 정성을 들여야 한다.

중학교 2학년 영어학습에서 앞서 언급했던 요소들을 균형 있게 발전시키는 것이 중요하며, 학생이 영어에 대한 자신감을 키우고 더 높은 수준의 영어 실력을 갖출 수 있도록 시간과 노력을 투자해야 한다. 이에 발맞추어 최근 〈원아워〉, 〈플랜비〉등 수행평가와 내신까지 대비할 수 있는 커리큘럼을 지닌 온라인 플랫폼들이 등장하고 있으니, 온오프라인의 플랫폼을 검색하여 정보력을 쌓는 것도 도움이 될 수 있다. 중학교 2학년은 시간과 노력을 쌓으면 충분히 고득점을 얻을 수 있는 시기이므로 나에게 맞는 학습법을 찾아 하루라도 빨리 시도해 보는 것을 권장하고 응원한다.

고1 내신 잡기 : 중3
야무진 고등학교 선행팁

중학교 3학년 영어학습은 2학년과 같은 방식으로 진행되지만 더 복잡한 문법과 긴 지문을 포함하므로 보다 큰 노력을 쏟아야 시험에서 선전할 수 있다.고입을 준비하는 시기이므로 중학교 3학년 수준에 머물러 학습하기보다는 고등과정을 미리 준비해야 한다. 빠르면 3학년 여름방학부터 예비 고등과정을 시작하는 학생도 많다. 중학교 3학년 영어학습에서 고등영어 대비를 위해 중요한 점들은 다음과 같다.

어휘 확장과 독해 능력

고등학교에서는 어휘와 독해 능력이 핵심 역량이다. 중학교 3학년에서 다양한 주제의 글을 읽고 이해하는 능력을 강화하며, 독해 기법과 전략을 학습해야 한다. 고등영어는 문장구성이 복잡하기 때문에 문법 규칙과 다양한 문장 구조를 학습하고 이를 활용하여 각 문장을 정확하게 독해 할 수 있는 능력을 키워야 한다. 또한 어휘 수준을 향상하고 다양한 주제와 분야에서의 어휘를 습득하는 것이 중요하다. 어휘 학습법은 노베이스 학습법에 명시된 단어장 만들기를 참조하자.

막힌 귀를 열어라. 듣기

고등학교 1학년 모의고사 듣기에서 세 문제 이상의 오답이 지속해서 발생한다면, 반드시 듣기 훈련을 해야 한다. 고등학교 입학 후에는 학습량이 많아져 듣기 학습 시간이 부족한 경우가 많다. 따라서 중학교 3학년 여름방학까지 듣기 평가에서 만점을 목표로 훈련해야 한다. 고등학교 1학년 영어듣기 문제집으로 문제를 풀고, 오답은 받아쓰기 훈련을 해 보자. 모르는 어휘가 있는지, 들리지 않는 단어가 있는지를 가려내는 것이다.

다음으로 어휘가 익숙해지도록 음원을 따라 하며 듣는 발음과 내가 소리내는 발음이 같은지 확인하고, 단어와 연결된 소리에 익숙해지도록 연습해야 한다. 모르는 어휘로 인해 오답이 발생하는 경우, 해당 단어들을 정리하여 반드시 내 것으로 만들어 막힌 귀를 여는 훈련을 해 보자.

자기주도학습과 학습 전략

고등학교에서는 자기 주도적인 학습 능력과 효율적인 학습 전략이 필요하다. 중학교 3학년에서는 학습 독서, 영어 관련 자료조사, 영어 공부 계획 세우기 등 자기주도학습을 실천하고, 효과적인 학습전략을 개발하여 학습 효율을 높여야 한다. 추상적으로 열심히 하겠다는 의지보다는 학습 플랜을 작성하고 본인 스스로 학습 시간을 세부적으로 계획, 달성하면서 학습 의지를 더욱더 높여야 효율적인 시간 분배를 할 수 있다.

고등입학 전 필수 영문법

관계사

고등영어에서 관계사는 중요한 개념이다. 관계대명사와 관계부사를 일컫는 관계사는 명사나 대명사를 다른 문장과 연결하여 관계절을 만들어 내는 역할을 한다. 예를 들어, "The book that I'm reading is very interesting."이라는 문장에서 "that I'm reading"이라는 관계절은 "The book"에 대한 추가 정보를 제공하여 어떤 책인지를 구체적 정보를 전달하는 역할을 한다. 복잡하고 길어지는 고등영어에서 독해와 어법 풀이를 하는 데 명확한 해석이 중요한 만큼 예비고 학습에서 관계사를 잘 이해하고 활용하는 것은 중요한 부분이니 꼭 숙지해 놓아야 한다.

문장의 구성요소

영어는 자리에 품사를 적절하게 넣어야 하는 자리 언어이다. 주어, 서술어, 보어, 목적어의 위치에 어떤 품사가 들어가는지를 정확히 숙지하지 않으면 많은 어휘를 습득하더라도 어법 문제에서 어려움을 겪을 수 있다. 문장에서 필수적인 역할을 하는 명사, 동사, 형용사, 부사의 사용과 위치에 대한 이해를 확실히 숙지하여 어휘를 올바르게 활용하는 연습을 해야 한다. 문장의 구성요소를 정확하게 판단하려면 문장의 형식을 완벽하여 주어와 서술어를 가려내고 수식을 담당하는 형용사나 부사구를 가려내는 것이 정확한 독해와 어법 풀이의 첫걸음이다.

멀티 플레이어 that

관계대명사와 명사절 접속사 'that'의 학습은 내신 문제에서 용법 가리기로 자주 출제된다. 'that'은 지시 대명사, 지시 형용사, 관계대명사, 명사절 접속사 등의 역할을 하는 다재다능한 플레이어 이다. 앞서 언급한 바와 같이, 문장 형식을 판단하고 문장 내에서 사용되는 'that'이 어떤 역할을 하는지 충분한 이해가 있어야 고등학교 어법 문제에서 좋은 성과를 얻을 수 있다.

준동사는 인기 있는 조연

드라마에 종종 주연만큼 빛나는 조연들이 등장하곤 한다. 영문법에서의 준동사는 본동사를 빛내주는 멋진 조연 역할을 맡는다. 주인공과는 조금 다른 매력을 가지면서도 없어서는 안 될 역할을 하며, 시험 응시자들의 마음을 혼란 시키기도 한다. 준동사로는 부정사, 동명사, 분사가 있다. 문장 내 본동사와 준동사를 식별하고 알맞은 것을 선택하는 문제는 중학교 문법뿐 아니라 고등학교 내신 어법 문제에서도 자주 출제되는 문제 중 하나이다. 따라서 준동사들을 구별하고, 그들의 자리나 적절한 쓰임을 파악하는 문제 풀이 학습을 여러 번 반복하며 훈련해야 한다.

중등 점수가 고등 고득점을 보장하지 않는다

석이는 중학교에서 영어시험 만점을 놓치지 않았던 학생이었다. 수업 시간에 집중하여 선생님이 정리해 주신 중요 포인트와 교과서 지문을 암기하기만 하면 단기간 벼락치기로도 만점을 수월하게 받아내곤 했다. 석이는 밤늦게까지 영어 학원을 다니면서 단어시험 준비를 하는 친구들이 시간 낭비를 한다고 생각했다. 고등학교에 입학한 석이는 자신만만하게 3월 모의고사를 치렀지만 이후 영어 학원 문을 두드렸다. 중학교에서는 접하지 못했던 단어들과 복잡한 구조의 문장들 앞에 눈앞이 캄캄해진 것이다.

모의고사는 전국적인 규모로 시행하는 시험으로 듣기를 포함하여 45문제를 70분 안에 풀이한다. 예습을 할 수 없는 상황에서 난이도 있는 지문들을 풀이한다는 것은 고등학교에 입학하여 적응 중인 학생에게 상당한 부담이며, 결과에 따른 스트레스도 동반한다. 또한 지필고사 난이도가 상대적으로 쉬운 중학교는 석이와 같은 영어 만점자가 많을 수 있지만, 지역과 학교에 따라 영어시험의 난이도 차이가 존재한다는 사실을 알아야 한다. 같은 영어 교과서로 학습하더라도 소위 학군지라고 불리는 지역의 중학교 지필고사는 고등수준의 문제가 출제되기도 한다. 따라서 현재의 어휘와 실력으로 고등학교 영어에 안주하는 것은 위험하다. 중학교 3학년 시기에는 현재보다 가까운 미래를 위해 모의고사 고득점을 목표로 하여 고등 필수 단어를 미리 숙지해 두어야 한다. 영영 풀이와 어휘 확장 학습을 일상화하여, 다가오는 모의고사 지문과 선택지에 등장하는 단어들에 당황하지 않도록 미리 준비해보자.

앞서 말한 요소들과 더불어 중학교 3학년 영어학습에서 고등학교에 대비하여 영어 능력을 향상하는 것이 중요하다. 하지만 학습 동기부여를 유지하고 자기 주도 학습 태도를 갖추는 것 그리고 꾸준한 학습이 영어 실력 발전의 첫 번째 자세이다. 본인의 의지가 가장 중요한 것이다. 고등학교에서도 영어에 자신감을 가지려면 그만큼의 자세와 노력이 꼭 수반되어야 한다는 것을 잊지 말자. 준비한 만큼 실력을 드러내는 것이 고등영어이다. 중학교까지의 노력이 빛날 수 있도록 긴 호흡으로 미래를 준비해보자.

고등학교
알고 가자

'○○ 과학고등학교 ○○명 합격!'

특정 고등학교 합격 광고전단을 본 적이 있는가? 소위 '엄친아'들만 입학할 것 같은 이 고등학교들은 일반고와 차이점이 무엇일까?

우리나라 고등학교는 크게 일반고, 특목고, 특성화고, 자율고등학교, 영재학교 다섯 가지로 구분할 수 있다. 특목고(특성화고), 국제고, 그리고 외고는 한국의 고등학교 유형 중에서 특별한 교육 목적과 커리큘럼을 가진 학교들로 다음은 각 유형의 주요 차이점이다.

1. 일반고

특정 분야가 아닌 다양한 분야에 걸쳐 일반적인 교육을 실시하는 고등학교로 지역단위로 지역에 따라 평준화, 비평준화로 학생을 모집한다. 고등학교 입학 평준화는 무시험 고교 배정으로 근거리나 무작위 추첨 배정으로 학생을 모집한다. 비평준화의 경우 특정 기준을 바탕으로 학생을 선발한다.

2. 특수목적고

특목고는 특정 분야에 특화된 교육을 제공하는 고등학교이다. 예를 들어, 과학고, 예술고, 외국어고, 체육고 등이 있다. 이러한 특목고는 해당 분야의 교육과정, 실험실 및 시설, 전문 교사 등을 갖추고 있어 해당 분야에 대한 전문지식을 고학력 수준으로 제공한다. 학생은 특정 분야에 대한 깊은 이해와 역량을 개발할 수 있다.

외국어고

외고는 외국어 교육에 특화된 고등학교로 주로 영어를 중점적으로 가르치며, 언어에 대한 전문적인 교육을 제공한다. 외국어 능력뿐만 아니라, 외국 문화와 국제 이해를 강조하여 학생이 글로벌시대에 발맞춰 준비될 수 있도록 한다. 외고는 존폐논란이 있었지만 2023년 존치가 결정되었다. 현재 전국에 30개교가 있으며 영어성적과 면접으로 매년 학생을 선발한다.

국제고

국제고는 국제교육을 강조하는 고등학교로, 다양한 국제적인 프로그램과 국제 교류를 제공한다. 학교에서는 외국어 교육에 중점을 두며, 영어를 비롯한 다양한 외국어를 깊이 있게 공부하는 기회를 제공한다. 또한 국제 교류 프로그램을 통해 외국 학생과 교류하고 다양한 문화와 관점을 이해할 수 있도록 지원한다. 현재 전국에 고양국제고, 대구국제고, 동탄국제고, 부산국제고, 서울국제고, 세종국제고, 인천국제고, 청심국제고의 여덟 학교가 있으며, 재학 중인 중학교가 속한 지역에 국제고가 있으면 반드시 그 지역의 국제고에 지원해야 한다. 국제고가 없는 지역은 지역에 상관없이 지원할 수 있다. 선발 방법은 외국어고와 동일하다.

과학고

과학 인재 양성을 위해 전문적인 교육을 목적으로 하는 과학 계열의 고등학교로 일부 과학고등학교의 이름이 영재교로 전환되기도 했다. 전국에 총 20개교가 있으며 국제고와 마찬가지로 해당지역만 지원이 가능하다. 수학, 과학 성취도와 면접을 통해 학생을 선발한다.

예술 전문고

예술실기 인재 양성을 목적으로 하는 고등학교로 전국적으로 학생을 모집한다. 전국에 26개교가 있고 선발은 중학교 성적과 실기 고사를 시행하는 특징이 있다.

체육고

체육인 양성을 위한 체육 계열의 고등학교로 현재 17개교의 고등학교 있으며 전국단위로 모집하는 학교가 대부분이다. 특별전형과 일반전형으로 학생을 모집하며 일반전형은 실기 고사가 포함되어 있다.

마이스터고

'기술과학고등학교'라고도 불리는 마이스터고는 과학, 공학, 정보통신

등과 같은 기술 분야에 특화된 교육을 제공하는 학교이다. 이 학교는 전국
적으로 선발시험을 통해 학생을 선발하며, 입학 후에는 일반 고등학교와는
다르게 이론과 실습을 포괄적으로 수행한다. 학생에게 과학과 기술 분야에
서 필요한 지식과 기술은 물론, 관련 산업 현장에서의 경험도 쌓을 기회도
제공한다. 졸업 후에는 대학 진학을 선택할 수도 있고, 직접 취업하여 산업
현장에서 일할 수도 있다. 이러한 특성 때문에, 특정 분야로 취업을 준비하
는 학생이 많이 선택하기도 하며 실제로 취업률이 높은 편이다. 현재 전국
53개교가 있으며 모집은 전국 혹은 지역단위로 학교마다 상이하다.

3. 특성화고

직업고

직업교육 분야의 특성화고등학교로 취업을 희망하는 학생을 대상으로
다양한 분야의 교육을 실시하는 고등학교이다. 현재 전국에 464개교가 있
으며 선발방식은 학교장이 지정하며 마이스터고와 비슷하게 선발을 진행한
다.

대안고

공교육의 문제점을 보완하고자 학습자 중심의 자율적인 프로그램을 운
영하도록 만들어졌으며 기존의 학교 교육과는 다른 대안교육을 실천하는
학교로 모집 단위는 광역과 전국단위로 나뉜다. 현재 전국에 25개교가 있으
며 주로 중학교 내신 성적을 기준으로 선발한다.

4. 자사고

자율형 사립고

　자율형사립고등학교의 줄임말인 자사고는 학교의 건립이념에 따라 교육과정 및 학사 운영 등을 자율적으로 운영할 수 있도록 지정된 학교로 모집 단위에 따라서 전국단위의 고등학교 (하나고, 용인외대부고, 북일고, 김천고, 포항제철고, 광양제철고, 인천하늘고, 현대청운고, 민족사관고, 상산고) 와 시도 단위의 고등학교로 분류된다. 최근 몇 년간 존폐 여부가 논란이었던 자사고는 2023년 존치가 확정된 뒤 전년보다 더 높은 경쟁률을 보이고 있다.

자율형 공립고

　공립고등학교를 대상으로 교육감이 교육 제도 개선 및 발전을 위해 필요하다고 인정하는 경우, 교육과정을 자율적으로 운영할 수 있도록 지정된 고등학교이다. 전국에 45개 학교가 있으며 전형 방식은 일반고와 동일하다.

5. 영재고

　영재고는 잠재력 개발을 위해 특별한 교육이 필요한 영재를 대상으로 능력과 소질에 맞는 교육을 목적으로 설립된 고등학교이다. 초등학생 단계부터 이공계 최상위권을 위한 교육 프로그램으로 교육청 단위로 운영하는 영재교육원 훈련에서부터 입시 준비를 시작한다. 영재고와 과학고는 중학교 내신 시험으로 확인할 수 없는 심층 면접, 영재성 검사, 영재 캠프 등을 통한 별도의 선발 절차를 거친다. 학교 시험과는 비교할 수 없는 창의 사고력, 수학·과학 문제해결력 검사가 별도 실시된다. 전국에 8개교가 있으며 지역 관계없이 지원할 수 있다.

위와 같은 학교 유형들은 다양한 교육과 교류의 기회를 제공하며, 해당 분야에 관심이 있는 학생에게 맞춤형 교육을 제공한다. 대입 전형과 입시 트렌드는 시기에 따라 변화한다. 2022년 특목고 자사고의 존폐 여부가 화두에 올랐지만, 현재 유지가 결정되었고 앞으로도 존폐 논란은 계속될 가능성이 있다. 따라서 미래의 고등학교를 선택할 때는 자신의 관심사와 목표, 학업 우수성 등을 고려하여 최소 세 개 이상의 학교를 비교 분석해 장단점을 따져보고 선택해야 한다. 혹 본인의 목표가 뚜렷하지 않은 채 고등학교가 확정된 상황이라 하더라도 불안해하지 말자. 고입이 대입의 성공을 보장해주지 않는다. 현재 주어진 시간에 최선을 다하는 마음가짐이 우선이다. 자, 이제 고등영어에서 필승하는 방법들을 알아보자.

Part 3

실력을 보여주다 고등영어

(이지은 아나이스영어 원장)

중학교 영어 vs 고등학교 영어

중학교 영어와 고등학교 영어는 뭐가 다를까?

중학교와 고등학교의 영어 교육에는 몇 가지 주요 차이점이 있다. 가장 먼저, 고등학교의 영어는 난이도가 더 높아지며, 이를 이해하고 학습하기 위해서는 더 깊은 배경지식과 이해력이 필요하다. 두 영어의 차이점 중 가장 두드러지는 고등학교 영어 특징을 몇 가지 알아보자.

첫째, 어휘가 많이 어려워진다. 어휘의 수준 자체도 올라갈뿐더러, 중학교 때 한가지의 의미로 알고 있던 단어가 고등학교에서 문맥에 따라 다른 의미로 쓰이는 경우도 많다. 중학교보다 어려운 단어와 표현 등이 나오다 보니 고등학교 영어 지문을 접하면 단어부터 막혀서 해석을 못하는 친구들을 종종 볼 수 있다. 또한 교과서 본문에 나오는 단어가 동의어로 바뀌어 나오기도 해서, 변형 출제된 단어를 모르면 문제를 틀리는 경우도 생긴다. 따라서 동의어를 필수적으로 정리해 나가면서 단어를 암기해야 하며, 많은 지문을 접하며 같은 단어가 문맥에 따라 다르게 쓰이는 경우 그에 따른 쓰임을 익힐 필요가 있다.

둘째, 문장 구조가 더 복잡해진다. 중학교에서는 길어도 두 줄이면 문장이 끝난다. 그러나 고등학교 영어 지문에서는 수식어구나 다양한 문법 활용 등으로 서너 줄에서 길게는 대여섯 줄까지 한 문장인 경우가 종종 있다. 문장이 길어지다 보니 구조 파악에 어려움이 생기고 그로 인해 해석을 해나가다 중간에 글의 맥락을 놓치거나 포기하기도 한다. 이를 대비하기 위해서는 복잡하고 긴 문장도 정확하게 해석하는 구문 공부를 반드시 해야 한다.

셋째, 문법 문제가 어려워진다. 중학교 때 배웠던 문법 개념이 달라지는 건 아니지만, 시험에 출제되는 범위가 다르다. 예를 들어, 중학교에서는 시험 범위에 해당하는 핵심 문법 사항이 시험 문제로 출제되기 때문에, 해당 문법 사항만 알면 문제를 풀 수 있다. 하지만 고등학교 영어 시험의 문법 사항은 정해진 범위가 없고 거의 모든 문법 사항을 알아야 풀 수 있기에 어려워진다.

중학교 영어 문법 시험 예제

다음 밑줄 친 부분의 용법이 나머지 넷과 다른 것은?

① This book is <u>what</u> my dad gave me.

② Tell me <u>what</u> you heard yesterday.

③ <u>What</u> I can do is to build a big house.

④ He asked me <u>what</u> subject I liked.

⑤ Did you hear <u>what</u> your mom said?

위의 예제에서 보듯, 중학교 문법은 비교적 짧은 문장으로 해당 문법이 맞는지 틀렸는지를 판단하는 문제로 출제된다. 관계대명사 what이 시험 범위 문법 사항이었고, 관계대명사 what과 의문사 what의 차이를 안다면 풀 수 있는 것이다.

고등학교 영어 문법 시험 예제

Too often we notice that a sister, brother, parent, or child is particularly good at showing empathy, is exceedingly honest, is extremely fair, or shows a great deal of integrity, but we don't mention ①<u>what</u> we are observing out loud. You may have noticed that your children seem ②<u>far</u> more comfortable with being sarcastic or insulting one another. Giving compliments often feels more awkward ③<u>as</u> offering "constructive criticism." However, when we share the good that we see, we let our children or our partner ④<u>know</u> that we have recognized their strengths. Also, by acknowledging that each person ⑤<u>brings</u> different strengths to the family unit, we can learn from one another and work as a team.

고등학교의 영어 시험 문법 문제들은 시험 범위에서 나올 때도 있고, 외부 지문에서 나올 때도 있다. 긴 지문의 글에서 잘못된 형식의 문제들을 내기 때문에, 전반적인 문법의 기본 개념을 알아야 풀 수가 있다. 위의 예제 같은 경우 ①번은 관계대명사, ②번과 ③번은 비교급, ④번은 사역동사, ⑤번은 each를 단수 취급한다는 것을 모두 알아야 풀 수 있는 것이다.

어떤가? 난이도의 차이가 느껴지는가?

넷째, 논리적 사고력이 필요하다. 학생들을 가르치며 자주 겪는 일 중 하나는 지문을 한글로 해석은 하는데, 다 읽고 나서 무슨 내용인지를 잘 모르는 경우이다. 이는 모르는 단어를 찾아가며 단어들을 조합해서 문자적으로 글은 해석은 하는데 그 글의 내용을 이해하지 못하는 것이다. 물론 문장 해석 능력은 중요하다. 하지만, 글을 읽고 나서 내용을 요약하거나 글쓴이가 무엇을 말하고자 하는지 글의 전체적인 내용을 이해, 추론할 수 있는 능력이 없다면 문제 해결이 어려울 수밖에 없다.

따라서 글의 구조 파악, 연결성, 통일성 등 글을 정확하게 읽기 위한 논리 사고력 훈련이 필요하다. 논리적 사고를 키우기 위해서는 평소 인문, 사회, 과학, 예술 등 다양한 분야를 다룬 읽기 자료를 통해 전체적인 맥락을 파악해 보는 연습을 해야 한다. 단어 하나하나의 뜻을 해독해서 지엽적인 의미를 이해하는 것을 넘어서, 글 전체를 훑어 읽으며 필자가 말하고자 하는 핵심 내용을 유추하는 연습 또한 필요하다.

다섯째, 추론 능력 또한 필수 요소다. 빈칸에서 난이도가 높은 문제들은 단순히 핵심 소재, 주제에만 빈칸을 만들지 않는다. 주제문을 함축적으로 나타낼 수 있는 비유적 표현, 또는 하나의 단어들에 빈칸을 두기도 한다. 따라서 파악한 주제를 통해 연결된, 핵심을 나타내는 단어를 추론할 수 있는 능력이 필요하다. 이를 위해서는 시간이 오래 걸려도 좋으니, 문제의 답에 확실한 근거를 댈 수 있게 끝까지 추론하는 연습을 해야 한다.

영어 지문 외에 신문 사설 읽기 등의 한글로 된 지문을 꾸준히 읽는 것도 좋다. 서로 다른 성향의 신문 두세 개의 사설을 일주일에 2회 이상 읽고, 자기 생각으로 정리하는 연습을 통해서도 논리적 사고력과 추론 능력 모두 좋아질 수 있다.

지금까지 중학교 영어와 고등학교 영어가 무엇이 다른지를 살펴보았는데, 좀 더 구체적인 학습법과 학년별 전략에 대해서는 뒤에서 나오는 해당 목차에서 설명하도록 하겠다.

영어 절대평가의 덫에
빠지지 말라

수능시험은 학교 교육과정에 따른 학습 수준과 학습량을 이수하였는지 평가하여 학생의 수학능력 측정을 목적으로 한다. 그러나 학생들 간의 상대평가 체제의 수능 영어방식은 성적향상을 위한 무한경쟁을 초래하여 학교 현장에서 학생들의 영어 능력 향상을 위한 수업보다는 문제 풀이 위주의 수업이 이루어진다는 지적이 꾸준히 제기되었다. 변별력을 높이기 위한 난이도 높은 문제를 출제하는 경향이 나타나 교육과정의 범위와 수준을 넘는 과잉학습 부담과 사교육비 부담이 초래된다는 지적도 많았다. 절대평가에 대한 논의는 이런 고민에서 비롯되었다.

절대평가의 도입

2018년 수능부터 영어영역에 절대평가가 도입되었다. 학생들의 과도한 점수 올리기 경쟁 해소, 듣기, 읽기, 말하기, 쓰기 네 가지 언어 기능의 균형적 발전을 도모하는 의사소통 중심 수업, 사교육비 억제 등이 교육부가 내세운 명분이었다. 절대평가는 학업 성과를 다른 학생과 비교하여 성적을 부여하는 상대평가와는 달리, 어떤 절대적인 기준에 따라 등급을 부여하는 평가 방법이다.

기존의 상대평가는 상위 4%의 학생들만 1등급을 받는 구조였다면, 절대평가는 90점만 넘으면 1등급을 받는다. 예를 들어 모든 학생이 시험점수가 90점이라면 전부 1등급인 것이다. 상대평가 제도하에서 각 학생들의 성적에 따라 자신의 등급이 바뀌는 것과 달리, 100점, 95점, 90점이 모두 1등급을 받는 것이 절대평가이다. 현재 수능 영어는 원점수를 아홉 개의 구간으로 등급을 나누고 있는데, (예: 1등급 90-100, 2등급 80-89) 성적표에는 이러한 등급만 제공한다.

절대평가 도입 이후 등급 비율변화

	2018학년도	2019학년도	2020학년도	2021학년도	2022학년도
1등급 비율	10.03	5.30	7.43	12.66	6.25
2등급 비율	19.6	14.34	16.25	16.48	21.64
Total	29.68	19.64	23.68	29.14	27.89

출처 : 한국교육과정평가원

처음 영어를 절대평가 한다고 했을 때 많은 학생이 1등급 받기가 쉬워졌다고 생각했고, 실제로 18년도 수능에서 영어 1등급은 10.03%로 상위 4%만 1등급을 받던 상대평가와 비교했을 때 많은 학생이 1등급을 받았다.

하지만 이후 치러진 19년도 수능 영어에서의 1등급의 비율은 5.4%였으며, 2020년도에는 7.43%로, 절대평가로 바뀌었음에도 1등급을 받는 게 쉽지 않았음을 알 수 있다. 2021학년도에는 코로나 이후의 영향으로 난이도가 상대적으로 낮아져 1등급 비율이 12.66%까지 상승했으나, 2022학년도에는 6.25%로 감소했다. 이러한 변화의 주된 원인 중 하나로 〈EBS〉 연계율의 변동이 크게 작용했다는 분석이 많다.

2022학년도 수능시험부터 〈EBS〉와의 직접 연계가 간접 연계로 변경되었고, 연계율도 70%에서 50%로 감소했다. 이전 수능에서는 연계 교재와 수능 출제 지문이 일치하여 연계 교재를 중점적으로 공부하면 빠르게 지문을 읽고 높은 점수를 얻을 수 있었지만, 이런 장점이 사라졌다. 더불어 절대평가 도입 이후 학생들이 다른 과목에 더 집중하게 되어 영어학습량이 감소한 것도 1등급 비율 감소의 원인 중 하나로 보인다.

다른 과목보다 등급받기가 쉽다는 것은 오해

위의 표를 보고 1·2등급의 비율이 높다고 생각할 수 있지만, 실제 우리 반에서 영어 1등급을 받는 학생 수를 따져보면 절대평가에서도 1등급은 쉽지 않음을 알 수 있다. 지난 시험 결과를 토대로 절대평가에서 1등급의 평균 퍼센트가 8~9%라고 해보자. 한 반 인원이 30명이라고 가정하면, 1등급을 받는 학생은 2~3명이다. 그런데 위의 표는 n수생을 포함한 것이니 실제로 1등급을 받는 학생은 한 반에 1~2명인 셈이다.

절대평가를 도입할 때, '대입에서 영어 과목의 영향력이 줄어든다.', '학교 현장에서 영어 수업을 소홀히 할 수 있다.', '학생들의 영어 실력이 저하될 것이다.' 등의 우려 사항이 있었다. 이에 대해 교육부는 '절대평가 도입이 단순히 수능 영어 문항을 쉽게 출제한다는 의미가 아니며, 학생들이 필요한 수준의 영어 능력을 갖추었는지를 평가하는 것이다.'라고 입장을 밝혔다. 다시 말해 쉽게 점수를 받을 수 있는 시험이 아닌 학생들의 영어 능력을 '평가'하는 시험 출제 방향을 확실히 한 것이다.

절대평가 이후 달라진 부분

절대평가 이후 달라진 것 중 첫 번째는 신유형의 등장이다. 절대평가 이후 함축형 의미추론이라는 유형이 등장했다. 단순히 주제를 찾는 것이 아니라 밑줄이 어떤 것이냐에 따라 주제와 다른 내용의 답이 되기도 한다. 이외에도 전반적인 내용 파악만으로 풀 수 있었던 작문 문항(41, 42번)에 어휘 문장이 출제되어 지문을 모두 읽어야 하는 유형이 등장하기도 했다. 이전과 문제 유형이 조금씩 계속해서 바뀌고 있는 셈이다.

두 번째는 더 길어지는 지문이다. 영어 과목은 시간 배분이 중요한 과목인데 전반적으로 모든 지문이 더 길어졌기 때문에, 두 세줄 읽고 핵심 키워드로 대충 내용을 추론했던 요령은 더 이상 통하지 않게 되었다.

세 번째는 난이도 높은 문제 수가 증가했다는 점이다. 상대평가 때의 1등급 커트라인은 약 94~95점이었고, 변별력 높은 문제가 한두 문제 출제되었다. 그러나 절대평가에서는 1등급 커트라인이 90점이다 보니, 난이도 상의 문제들이 이전보다 많이 출제되는 추세다. 특히 순서 배열, 문장 넣기, 대의 파악 유형 등의 까다로운 유형의 문제들로 인해 상위권 학생들의 부담도 커지고 있다.

입시에서 중요한 영어의 영향력

절대평가로 바뀌면서 영어 과목의 중요도가 떨어졌다고 느낄 수 있지만, 여전히 영어는 수시전형에서 기준을 충족하는 결정적인 역할을 하며, 정시에서도 영어의 중요성은 절대 작지 않다.

수시모집의 경우 대부분의 서울 소재 대학은 수능최저학력기준을 본다. '수능 5개 과목 중 3개 등급 합이 6등급 이내' 식의 기준이 있다. 상대평가인 과목은 난이도에 따라 시험 점수가 높아도 등급이 낮게 나오는 등 변수가 많지만, 절대평가인 영어는 점수와 등급이 고정되어 있기에 최저 기준을 맞추는데 영어 점수 확보가 오히려 중요하다.

정시모집에서 연세대학교를 예로 들면, 연세대는 등급별로 영어 점수를 반영한다.

등급	1	2	3	4	5	6	7	8	9
반영점수	100	95	87.5	75	60	40	25	12.5	5

1등급은 100점, 2등급은 95점, 3등급은 87.5점으로 등급별 점수 차이가 크게 보이지 않을 수 있다. 하지만 국어, 영어, 수학, 탐구 과목을 합쳐 총점 1,000점을 기준으로 환산하면, 영어가 16.7%가 반영되는 인문, 사회, 국제 계열은 1등급과 2등급의 점수 차는 8.3점, 11.1% 반영되는 자연 계열은 5.6점으로 차이는 더욱 확대된다.

영어 반영 비율이 높은 인문, 사회, 국제 계열은 영어에서 1등급을 받지 못한다면 다른 과목에서 확보해야 하는 점수가 훨씬 올라가야 하는 것이다. 서울 소재 상위 15개 대학보다 그 외 수도권 대학의 영어 반영 비율이 높고,

대부분의 대학이 3~4등급 사이 점수 격차를 크게 두고 있는 점을 생각하면 정시에서도 영어 영향력은 여전히 크다.

고등학교 영어는
내신 관리부터

정시 비중이 점차 확대된다고는 하지만 아직은 수시 비율이 높고, 정시에서도 내신을 보는 대학들이 있어 내신을 잘 준비해야 입시에서 원하는 결과를 얻을 수 있다.

학교 내신과 모의고사의 차이

학교 시험과 모의고사에는 여러 차이가 있다. 성적 차이가 큰 친구들은 각각의 특징을 잘 알고 이에 맞춰 공부하는 것이 필요하다.

첫째, 내신은 모의고사와 달리 시험 범위가 있다. 모의고사는 시험 당일에 처음 보는 지문을 풀기에 평소 독해 실력을 높여야 고득점이 가능하나, 내신은 일정한 범위를 주고 문제가 나오니 시험 범위 내용을 꼼꼼하게 숙지해야 한다.

둘째, 내신에는 서술형 문제가 있다. 학교마다 서술형의 비중은 다르나, 배점이 대개 높은 편이므로 내신에서 고득점을 올리려면 반드시 서술형 대비를 해야 한다.

셋째, 내신에는 문법 문제를 모의고사보다 많이 출제한다. 모의고사에서 문법을 직접적으로 묻는 문제는 한 문제이지만, 내신은 학교마다 다르나 객관식과 서술형에서 모두 문법의 비중이 꽤 큰 편이다. 시험 범위 내에 나오는 주요 문법 사항을 확인하고, 본인 학교의 출제 경향을 알아야 고득점이 가능하다.

넷째, 내신은 절대평가인 모의고사와 달리 상대평가다. 1등급부터 9등급까지 등급을 나눠서 성적을 평가한다.

다섯째, 내신에서는 두 개 이상의 답이 정답일 수 있다. 모의고사는 한 문제당 정답이 하나지만, 학교 시험에서는 변별력을 확보하기 위해 답이 여러 개인 경우가 있으므로 꼼꼼하게 공부해야 정답을 찾을 수 있다. 내신 공부 중심으로 좀 더 자세히 살펴보도록 하겠다.

고득점을 위한 내신 대비 공부법

첫째, 자신이 다니는 학교 출제 경향을 알아야 한다. 학교마다 범위, 서술형, 문법 유무 등에 따라 다양한 형태로 내신 문제가 나온다. 시험 범위는 학교에 따라 크게 ① 교과서에서만 출제, ② 교과서 + 모의고사, ③ 교과서 + 모의고사 + 문제집으로 세 가지 유형이 있다. 우리 학교가 이 중 어떤 유형인지와 서술형과 문법 문제의 비중 등을 미리 알아두면 그에 따른 대비가 가능하다.

둘째, 시험 범위 지문 중 중요한 문장부터 파악하자. 내신 문제는 내용과 문법에 대한 이해를 요구하는 문제가 주로 출제된다. 내용 이해 문제 유형은 대개 수능과 유사한 문제들이 출제되는데, 순서 맞추기, 문장 삽입, 요약문, 주제, 제목, 일치 불일치 등이 있다. 이러한 유형의 문제들도 모두 핵심 문장이 답이 되거나 단서를 주는 경우가 대부분이기에 교과서든 모의고사든 범위 내의 지문에서 핵심 문장부터 암기하고 나머지 지문들을 공부하는 것이 효율적이다.

문법 개념이해를 요구하는 문제를 풀기 위해서 핵심 문장 외에 시험 범위에 나오는 주요 문법 사항이 들어간 문장이나 문법 구조가 복잡한 문장들도 필수적으로 숙지해야 한다. 문법 문제 유형에는 어법상 틀린 것 찾기, 틀린 것 바르게 고치기, 서술형 통문장 쓰기, 서술형 문장 배열하기 등이 있다. 시험 범위 문법 포인트가 들어간 중요 문장과 수업 시간에 선생님이 강조하셨던 문장 위주로 출제될 가능성이 높으니, 통문장으로 암기하는 것이 가장 좋다. 다만, 무작정 외우는 것보다는 문법 규칙을 이해하고, 해석 부분을 보고 영어 문장으로 써보는 연습을 하는 것이 효율적이다.

셋째, 지문을 해석하고 분석하자. 시험 범위 지문들에 나오는 단어를 완벽하게 외우는 것은 기본이고, 어떤 문장이든 바로 해석할 수 있을 정도로 반복해서 공부하자. 해석을 완벽하게 할 수 있게 되면, 지문을 꼼꼼하게 분석해야 한다. 지문을 분석한다는 것은 단순히 해석만 하는 것을 넘어서 출제 유형에 대비하는 과정이므로 소홀히 해서는 안 된다.

지문을 분석하는 과정을 예로 들면 다음과 같다. 먼저, 문법과 중요한 어휘를 체크해서 문법과 어휘 문제를 대비해야 한다. 지문의 어휘가 변형되는 경우나 선택지에 나오는 단어를 몰라서 틀리는 경우가 종종 있는 만큼, 핵심 어휘는 동의어와 반의어도 같이 정리하는 것이 좋다.

다음으로, 연결어와 지문의 주제나 소재가 드러난 부분을 표시하고, 반복되는 핵심 어구가 있다면 표시한다. 이런 연습을 통해, 연결어, 주제, 빈 칸 문제 등을 대비할 수 있다. 마지막으로, 글의 흐름을 정리하고, 단락을 한 문장으로 요약해서 정리하는 연습도 필요하다. 글의 흐름을 정리하거나 소리 내서 말해봄으로써 순서 맞추기나 문장 삽입 문제에 대한 대비가 가능하다. 단락을 요약해서 정리하는 연습 역시 요약문 완성 객관식 문제 혹은 서술형으로 요약문을 쓰는 연습에 유용하다.

넷째, 문제를 많이 풀어서 실전에 대비하자. 교과서는 시중에 나오는 참고서나 문제집을 참고해서 많이 풀어보자. 모의고사나 부교재 문제는 학원이나 과외를 통해 선생님이 제공해 주시는 문제를 풀고, 혼자 공부하는 경우라면 인터넷 검색을 통해 찾은 문제를 풀면 된다. 이때, 틀린 문제는 왜 틀렸는지 점검하는 과정이 꼭 필요하며, 틀린 문제와 이유 등을 노트에 따로 정리해서 실수하지 않도록 하자.

지금까지 내신 대비하는 방법을 살펴보았다. 평소에는 수능을 대비해 독해력을 키우는 중심으로 공부하되, 내신 기간에는 시험 범위 내의 문법과 서술형에 좀 더 집중해서 점수를 확보하자.

문법을 잘해야 독해도 쉽다

학생에게 영어 공부를 할 때 어려운 점이 뭐냐 물으면 가장 먼저 말하는 것이 문법이다. 문법은 어렵기도 하지만 수능에서 한 문제 밖에 나오지 않기 때문에 문법 공부는 안 해도 된다는 친구들도 더러 있다.

문법 공부는 중요한 걸까?

문법이 얼마나 중요한지는 의견이 분분하다. 문법에 치중한 주입식 교육이 영어교육의 폐해라며 회화 중심의 영어교육이 되어야 한다는 사람들도 있고, 문법을 알아야만 우리나라 초, 중, 고 교육, 나아가 토익, 토플 등의 시험 영어에서 좋은 성적을 받을 수 있다고 말하는 사람들도 있다.

사실, 회화를 자유자재로 구사하는 게 목표인 사람과 학교 시험이나 혹은 토익, 토플 등의 시험에서 좋은 성적을 받는 게 목표인 사람에게 문법의 중요도는 다를 수밖에 없다.

그러나, 중요도와 별개로 문법은 어느 언어를 공부하든 필수적으로 익혀야 하는 개념이다. 문법이란 말과 글의 규칙을 뜻하는데, 이는 한 언어를 사용하는 집단 내에서 굳어져 온 지켜야 할 약속이다. 따라서 문법을 알아야 제대로 된 말과 글을 쓸 수 있다. 아무리 다른 재료들을 모두 갖췄어도, 기둥이 없으면 건물을 지을 수 없듯이 영어를 공부하는 데 있어서 기둥과 같은 문법을 소홀히 한다면 튼튼한 건물을 지을 수 없다.

문법을 모르면 정확한 해석을 할 수 없다

중학교 교과서 수준의 문장들은 대개 짧아서, 문법을 몰라도 아는 단어의 뜻을 조합해서 문장의 의미를 파악하는 경우가 많다.

[예시]

I realized that I should be prepared for the next earthquake, / which can occur at any time. 《중학교 3학년 교과서 (능률 김성곤)》

나는 깨달았다 / 다음 지진에 대비해야 한다는 것을 / 그것은 언제라도 발생할 수 있다.

위는 중학교 3학년 교과서에 나오는 지문으로, realize, prepare, earthquake 등의 단어만 대강 알아도 내용을 이해하는 데 무리가 없다. 하지만 문장이 길어지고, 단어가 많아지며 구조가 복잡해진다면 어떨까?

[예시]

This is usually accompanied by expressions of envy for those multilingual Europeans, and sometimes (more subtly) by a linguistic smugness reflecting a deeply held conviction that, after all, those clever "others" who don't already know English will have to accommodate in a world made increasingly safe for anglophones. 《2024 수능특강 13강 3번》

이것은 대개 복수의 언어가 가능한 유럽인에 대한 부러움의 표현과 때로는 더 미묘하게 영어를 아직 알지 못하는 똑똑한 '다른 사람들'이 어쨌든 간에 결국 영어 사용자에게 갈수록 더 안전해지는 세상에 순응해야만 할 것이라는 깊이 박힌 확신을 나타내는 언어상의 우쭐거림을 수반한다. 《2024 수능특강 13강 3번 해설지》

위 지문은 2024 수능 특강에 나오는 것으로, 단어를 나열하는 것만으로는 해석이 어렵다. 수동태, 현재분사, 접속사, 과거분사가 등장하며, 문장 구조가 복잡해서 이 문장을 해석하기 위해서는 문법을 알아야 한다.

문법의 기본 개념부터 탄탄하게 잡자

중학교에서 고등학교로 넘어오면서 확연하게 복잡하고 길어지는 문장의 정확한 해석을 위해 필수적인 문법을 어떻게 공부해야 할까?

처음 학원을 등록하는 학생에게 문법은 잘 알고 있는지 물어보면, 초등학교 고학년 때부터 문법 공부를 시작해 중학교 내내 문법 공부를 해왔는데도 문법에 자신이 없다는 학생이 대다수다. 그런 학생들을 살펴보면, 아예

문법을 모르는 건 아니나 전체 그림이 잘 안 그려져 있는 경우가 많다. 부정사나 동명사는 알지만, 접속사나, 관계사 등을 잘 모른다거나 가정법은 아는데 분사구문은 잘 모른다거나 하는 식이다. 대개 중학교 때 시험 대비를 위해 공부하다 보니 교과서 시험 범위에 해당하는 문법 부분만 집중적으로 공부한 결과다.

시중에 좋은 문법책들이 워낙 많으니 표지가 맘에 들든, 제목이 맘에 들든 그중 한 권을 직접 골라 구매하자. 그리고 그 문법책을 처음부터 끝까지 두세 번 반복해서 보는 것을 추천한다. 혼자 공부하다 이해가 안 가는 부분은 표시해 뒀다가 학교나 학원 선생님에게 질문하여 확실히 이해하고 다음 파트로 넘어가도록 하자. 질문하기가 여의찮은 상황이라면, 유튜브에서 해당 문법 관련 영상을 찾아보거나, 혹은 〈EBS〉 인터넷 강의로 찾아서 들으면 된다.

문법의 독해 적용 연습은 필수다

문법 기본 개념을 반복 학습하여 숙지한 이후에는 독해에 적용 연습을 해야 한다. 시중에 다양한 구문 교재가 많으니, 취향에 맞는 폭넓은 선택을 할 수 있다. 본인이 이해한 문법 내용을 구문 독해 책의 해당 파트에 나오는 문장들로 학습하자. 문장에서 어떤 문법이 쓰였는지, 어떻게 끊어 읽어야 하는지를 중점적으로 공부하자. 문법 개념을 잘 이해했어도 구문 독해를 병행해야 처음 보는 문장을 접했을 때 빠르고 정확한 해석이 가능하다. 문법 책만을 반복해서 읽고 암기하는 것보다 구문 독해 적용 연습을 할 때, 문법을 더욱 자연스럽게 체화할 수 있고, 문법 개념 암기에 대한 부담감도 줄일 수 있다.

나만의 문법 노트로 정리하자

　많은 학생에게 방학 때 나만의 문법 노트 만들기를 지도하는데, 효과가 워낙 좋았던 터라 소개하고자 한다. 일단, 스프링으로 된 예쁜 노트를 준비하자. 일주일에 한 포인트씩 정해서 직접 문법 개념을 정리한다. 시중에 있는 문법책에서 뽑아도 좋고, 인터넷 검색으로 예문과 함께 설명한 블로그나 유튜브 동영상 등을 참고하여도 좋다. 나중에 공부하다 추가로 또 적을 수 있게 파트별로 여유분을 두고 만든다. 이렇게 포인트별로 정리한 노트가 완성되면 곁에 두고, 공부하다가 모르는 게 나올 때마다 찾아보면서 추가하고 싶은 예문이나 설명이 있으면 덧붙여서 나가면 된다. 내가 직접 정리한 문법 개념 설명과 예문은 머릿속에서 더 오래 기억에 남으니 이번 방학에 도전해 보길 추천한다.

수능 영어는 문해력부터

요즘 아이들을 비롯해 어른들까지도 문해력 저하가 심각한 사회문제로 대두되고 있다. 〈EBS〉에서 관련 프로그램이 방송되고, 시중에는 문해력과 관련된 책들이 하루가 멀다고 새로 쏟아져 나오고 있다.

문해력이란 말은 라틴어 'literatus'에서 파생되었는데, 고대에는 '문학에 조예가 있는 학식 있는 사람'으로, 중세 시대에는 '라틴어를 읽을 수 있는 사람'으로, 그리고 종교 개혁 이후에는 '자신의 모국어를 읽고 쓸 수 있는 능력을 가진 사람'으로 정의되었다. 《문해력의 개념과 국내외 연구 경향 (대구교육대학교, 윤준채 교수)》

오늘날 문해력은 단순히 읽고 쓸 수 있는 능력을 뜻하는 말로 쓰이지 않는다. 글을 비판적으로 읽고, 원하는 정보를 얻으며 창의적으로 생산할 수 있는 능력을 나타내는 말로 쓰인다. 문해력이 부족한 사람들은 글을 문자로는 읽지만, 내용을 이해 못 하거나 혹은 내용을 알아도 글쓴이가 정작 말하고자 하는 바를 잡아내지 못하는 일이 빈번하다. 이는 영어에도 마찬가지다.

문해력이 부족하면 고득점은 불가능하다

요즘 학생들을 가르치며 자주 하는 말이 있다. "얘들아~ 내가 국어 선생님이니?"

현장에서 학생들을 가르치며 문해력 부족이 얼마나 큰 문제인지 체감한다. 10년 전에 가르쳤던 학생들과 요즘 가르치는 학생들과의 문해력 차이가 확연한 탓에, 영어 수업 시간에 한글 단어 뜻에 대한 설명을 해줘야 하는 경우도, 내용 이해를 돕기 위해서 배경지식을 설명해 줘야 하는 경우도 많다. 어려서부터 영어 공부를 시작했기에 지문을 한글로 해석은 잘하는데, 해석해 놓고 내용에 대한 이해도 부족하고 주제도 못 찾아내는 학생들을 보면 너무 안타깝다. 영어 단어를 아무리 많이 외우고 문법 개념이 탄탄해도 문해력이 좋지 않으면 좋은 점수를 받는 것은 불가능하다.

수능 영어의 지문은 한글 해석을 봐도 어렵다

수능에 나오는 지문은 한글 해석을 봐도 어려운 경우가 많다. 수능에 나오는 지문은 외국의 철학, 사회, 과학, 지리, 예술 등 다양한 분야의 서적에서 일부분을 발췌해서 만든다. 학생들이 지문 내용에 해당하는 배경지식이 부족한 상태에서 앞뒤가 잘려 나간 지문을 보고 내용을 파악하는 건 어려울 수밖에 없다. 다음은 2023년 수능34번 지문의 한글 해석이다.

[예시] 우리는 우리의 의식을 현재, 과거, 미래로 분리하는 것이 허구이며

또한 이상하게도 자기 지시적인 틀이라는 것을 이해하는데, 여러분의 현재는 여러분 어머니 미래의 일부였고 여러분 자녀의 과거는 여러분 현재의 일부일 것이라는 것이다. 시간에 대한 우리의 의식을 이러한 전통적인 방식으로 구조화하는 것에는 일반적으로 잘못된 것이 전혀 없으며 그것은 흔히 충분히 효과적이다. 그러나 기후 변화의 경우, 시간을 과거, 현재, 미래로 분명하게 구분하는 것은 심하게 (사실을) 오도해 왔으며 가장 중요하게는 지금 살아 있는 우리들의 책임 범위를 시야로부터 숨겨왔다. 시간에 대한 우리의 의식을 좁히는 것은 사실 우리의 삶이 깊이 뒤얽혀 있는 과거와 미래의 발전에 대한 책임으로부터 우리를 단절시키는 길을 닦는다. 기후의 경우, 우리가 사실을 직면하면서도 우리의 책임을 부인하는 것이 문제가 아니다. 문제는 시간을 나눔으로써 현실이 시야로부터 흐릿해지고 그래서 과거와 미래의 책임에 관한 질문이 자연스럽게 생겨나지 않는 것이다.《2023년 수능 34번》

위의 지문은 2023년 수능에서 빈칸 문제로 출제된 3점짜리 지문이다. 기후 변화와 관련하여 우리의 시간에 대한 의식을 과거, 현재, 미래로 나눌 때 생겨날 수 있는 책임에 관한 문제이다. 관념적이고 추상적인 지문이라 한글 해석으로도 언뜻 이해가 어렵다.

변별력 있는 3점짜리 문제를 맞혀야 1등급을 받을 수 있다는 점을 고려하면, 위의 지문과 같은 수준에도 익숙해져야 한다. 다양한 지문을 매일 꾸준히 읽으면서, 자주 등장하는 사회, 과학, 철학 등의 개념을 따로 정리해 놓는 것이 좋다. 배경지식이 쌓여가는 만큼 처음 접하게 되는 어려운 지문에도 당황하지 않고, 문제를 풀 수 있게 된다.

해설지를 활용하자

문해력을 향상하기 위해서 가장 좋은 방법이 독서라는 점은 다양한 매체를 통해 강조하고 있기에 누구나 다 아는 사실이다. 하지만 시간적으로 좀 더 여유가 있는 초등학생 혹은 중학교 저학년이면 모를까 고등학생이 독서를 꾸준히 하기란 여러 여건상 어렵다. 그래서, 문해력이 특히 부족해 한글로 된 지문도 이해가 어려운 학생들에게는 해설지를 이용해서 지도하고 있다.

해설지를 읽고, 형광펜으로 주제문을 표시하는 연습을 한다. 주제문이 없는 경우에는 전체 내용에서 말하고자 하는 바를 유추해 직접 지문 옆에 학생이 써보게끔 한다. 또한 지문 내용을 한글로 요약하는 연습도 하고 있다. 이러한 과정들을 통해 학생들이 핵심 내용을 정확하게 파악하고 정리하는 능력을 향상할 수 있었다.

지문을 서론, 본론, 결론의 세 부분으로 나누는 연습 또한 글의 전체적인 흐름과 내용을 파악하는 데 도움이 되기에 자주 활용하는 방법이다. 실제 학생들을 꾸준히 해설지로 훈련을 시켰더니, 글의 순서를 배열하는 문제, 주어진 문장을 넣는 문제, 흐름과 관계없는 문장 고르기 등의 간접 쓰기 유형 문제를 푸는 데 큰 도움이 되었다.

영어 뉴스를 활용하자

긴 호흡이 필요한 책을 여러 권 읽으며 문해력을 기르기에는 고등학생들에게는 주어진 시간이 많지 않으므로 영어 뉴스를 적극 활용하자. 스마트폰만 열면 쉽게 여러 매체의 뉴스에 접근할 수가 있다. 네이버 메인에서 뉴스콘텐츠 구독 기능을 이용하면, 우리나라 영어신문인 코리아중앙 데일리와 코리아헤럴드를 네이버 메인화면에서 바로 접할 수 있다. 하루에 1개의 기사만 꾸준히 읽는다 해도 한 달이면 30개, 일 년이면 300개 이상의 기사를 읽을 수 있다. 이 과정에서 영어 신문과 한글 신문 기사를 함께 읽는 것을 추천한다. 우리나라 영어 신문이니 대개 우리나라 관련 뉴스가 많기에 한글 신문 기사에서도 관련 내용을 쉽게 찾을 수 있다. 두 기사를 함께 읽으면 기사 내용 이해도 쉬울뿐더러 우리말이 어떤 식으로 영어로 표현되는지 자연스럽게 익힐 수 있어 영어 단어, 구문, 문장 구조 학습에도 도움이 된다.

무엇보다 중요한 것은 문해력은 하루아침에 생겨나는 것이 아니기에 꾸준한 학습이 중요하다는 점이다. 모의고사 유형별 문제집이든, 학교 교과서든, 영어 뉴스이든 간에 매일 30분씩은 영어로 쓰인 지문을 읽는 것을 습관으로 만들어 보자. 매일의 노력이 쌓여 어느 순간 영어 지문을 읽고 문제를 푸는 것이 수월해지는 때가 올 것이다.

기출 문제 유형분석을 통한
내공쌓기

모의고사가 끝난 후 학생들과 이야기를 나눠 보면, 듣기가 끝난 후 앞에서부터 차례대로 문제를 풀다가 시간이 부족해서 마지막 장은 읽어보지도 못했다는 경우가 꽤 많다. 수능 영어는 70분 동안 45문항의 문제를 풀어야 한다. 대략 듣기 문제가 20분 정도니 듣기를 제외한 28문항을 50분 정도에 풀어야 한다는 얘기다.

2022학년도 수능부터 〈EBS〉 연계 교재 지문의 70% 직, 간접 연계에서 50% 간접 연계로 바뀌며 학생들에게 지문은 더욱 낯설어졌다. 지문을 읽는 속도를 높이지 않는 한 1등급을 받기가 더욱 어려워졌다. 모든 문제에 똑같은 시간을 배분해서 문제를 풀다 보면 어려운 문제를 풀 시간은 부족할 수밖에 없다. 먼저 수능 영어 문제 유형을 파악하고, 내가 어떤 유형에 강하고 약한지를 파악해서 자신 있는 유형부터 먼저 푸는 것이 시간 분배에 있어서 효율적이다.

모의고사 유형부터 파악하자

시중 서점에서 판매하는 기출 유형별 문제집 혹은 〈EBS〉 사이트를 이용해 기출 문제를 다운받아 풀며, 어떤 유형으로 문제가 출제되는지 파악하자.

• 18번, 20번, 22번, 23번, 24번은 목적, 주장, 요지, 주제, 제목에 관한 문제이다. 목적, 주장, 요지는 보기가 한글로, 주제와 제목은 영어로 나온다. 글의 중심 내용을 파악해서 푸는 유형이므로 평소 다양한 소재의 영어 지문을 풀어보며 지문의 구조와 논지를 파악하고 배경지식을 쌓아야 한다.

• 19번은 심경 변화에 관한 문제로 사람의 심경을 나타내는 어휘들에 집중해서 반전 연결사 등을 확인해서 푸는 연습을 해야 한다.

• 21번은 함축의미추론이다. 밑줄 친 부분의 숨은 의미를 파악하는 유형으로, 2019년 수능부터 새롭게 등장한 유형이다. 밑줄 친 부분이 글의 소재와 무관한 비유 표현일 때도 많다. 밑줄 친 부분의 앞뒤 내용 및 글의 핵심 내용을 파악해서 풀어야 한다.

• 25번~28번은 도표, 일치·불일치 문제로 학생들의 정답률이 높은 부분이고, 여기서 시간 단축을 해야 뒤쪽의 어려운 문제를 풀 때 시간에 쫓기지 않고 풀 수 있다.

• 29번은 어법으로 밑줄 친 부분의 어법상 판단이 아닌 독해력을 요구하는 문제들이 나오는 추세다. 2023 수능도 마찬가지로, 대명사가 지칭하는 것이 무엇인지 맥락을 이해해야 풀 수 있는 문제이다.

• 30번은 어휘에 관한 문제로, 글의 흐름을 파악하여 어긋나는 어휘를 선택하는 유형이다. 반의어와 유의어, 철자가 헷갈리는 어휘가 자주 출제된다.

• 31번~34번은 빈칸 추론으로, 글의 전체적인 내용과 논리적 흐름을 온전히 이해해야 풀 수 있어 학생들이 가장 어려워하는 부분이다.

• 35번은 무관한 문장을 찾는 문제이다. 글의 도입부에서 글의 중심 소재나 주제 등을 빠르게 파악한 후 글의 논리적 전개를 따라가며 글의 핵심 소재는 언급하지만 글 내용의 흐름에 반대되는 문장을 찾는 유형이다.

• 36번~37번은 문장 재배열에 관한 문제이다. 통일성, 일관성이 있도록 지문이 전개되는지 확인해서 풀어야 하는 유형이다. 연결어, 지시어, 대명사, 관사, 시간의 흐름을 나타내는 표현 등을 찾아 글의 순서를 판단해야 한다.

• 38번~39번은 문장 삽입에 관한 문제이다. 먼저 주어진 문장의 내용을 파악한 후에 연결어, 지시어, 대명사, 관사 등 글의 연결 고리 역할을 하는 단서를 찾아 논리적 전후 관계를 따져 주어진 문장의 위치를 파악한다. 주어진 문장으로 예상하기가 어려운 경우 갑자기 글의 흐름이 바뀌거나 비약이 있는 부분의 위치를 확인해서 풀자.

• 40번은 요약문 완성에 관한 문제다. 요약문은 주제, 빈칸은 중심 소재인 경우가 많다. 요약문과 선택지를 먼저 읽어 글의 내용을 짐작해 본 후 글 전체를 읽으며 핵심 어구, 중심 소재와 주제를 파악해서 풀자.

• 41번~42번은 장문 독해로 한 지문 두 문제이다. 문제를 먼저 읽어 유형을 확인하고 이에 맞춰 지문을 읽어서 풀자.

• 43~45번은 장문 독해로 한 지문 세 문제이다. 순서 배열 문제와 함께 다른 유형 두 가지가 출제되어 나온다. 길지만 사실 난이도는 낮은 편으로, 글의 순서는 거의 시간순이며 지칭 추론도 크게 어렵지 않다. 앞쪽에서 시간 배분을 잘했다면, 무리 없이 풀고 점수 획득이 가능한 유형이다.

나의 취약점을 찾으려면? 많이 풀어보자

수능 영어의 다양한 유형을 고등학교 입학 전에 미리 접하는 것이 좋다. 중3 여름방학 때부터는 꾸준히 주 1~2회 정도 기출 문제 모의고사를 풀어보도록 하자. 겨울방학에 시작하면 너무 늦다. 겨울에 시작하면 몇 회 풀어보지 않은 채 고등학교에 입학해 3월 모의고사를 치르게 된다. 중학교 시험과는 다른 모의고사 유형에 익숙해지고, 본인이 약한 유형을 찾고 연습하기 위해 최소 고등학교 입학 반년 전부터는 시작하자.

고등학교에 입학한 후에도 내신 대비를 할 때를 제외하고 일주일에 1회 정도는 계속해서 풀어야 한다. 꾸준히 기출 문제 모의고사를 연습하고 오답 노트에 정리하면서 왜 틀렸는지 생각해 보는 시간을 갖는 것이 좋다. 해석이 유독 잘 안되는 부분은 오답 노트 만들 때 따로 형광펜 등으로 표시해놓은 후 다음번 모의고사 전날 복습해보자. 단어도 마찬가지로 의미를 몰랐던 단어들을 오답 노트에 정리해 두고, 시험 전날이나 자투리 시간 등에 반복 암기하며 완전히 본인 것으로 만들자.

방학은 취약 유형을 집중 연습하는 기간이다

중학교 3학년 여름방학부터 고등학교 1학년 겨울방학 때까지 꾸준하게 모의고사 연습을 했다면 본인의 취약점을 찾았을 것이다. 고등학교 2학년으로 올라가는 겨울방학부터는 이제 방학마다 취약한 모의고사 유형들만 집중적으로 연습해보자.

예를 들어, 본인이 빈칸 문제와 주어진 문장 넣기, 글의 순서 유형이 약하다면 빈칸 100문제, 주어진 문장 넣기 100문제, 글의 순서 100문제 총

300문제를 방학 기간에 집중적으로 풀며 연습하는 것이다. 내가 가르치는 학생들은 보통 고등학교 2학년으로 올라가는 겨울방학과 2학년 여름방학, 3학년으로 올라가기 전 겨울방학까지 총 세 번의 방학 동안에 취약한 유형만 집중적으로 200~300문제 정도를 연습하도록 지도하고 있다.

예전에 가르쳤던 학생 중 한 명은 본인은 아직 단어 실력이 많이 부족하다며 기출 문제 모의고사를 푸는 연습보다는 단어에 집중하는 것이 좋겠다고 시험을 거부했었다. 그에 반해 실력이 엇비슷한 다른 학생은 꾸준히 기출 문제 모의고사를 매주 풀며 오답 노트를 만들었다. 해석이 잘 안되었던 구문, 뜻을 몰랐던 단어, 틀린 이유 등을 정리해 나갔다. 이후 고등학교 입학해서 첫 모의고사를 쳤을 때 둘의 모의고사 성적의 격차가 꽤 났던 걸로 기억한다.

모의고사와 수능 영어에서 좋은 성적을 받기 위해서는 그만큼 많이 풀어보고, 취약점을 파악하여 집중적으로 연습해야만 한다. 많이 풀다 보면 모의고사를 풀 때 시간 배분도 잘 할 수 있다. 준비만 하는 사람은 늘 준비만 한다. 꾸준히 반복적으로 연습한 사람만이 좋은 결과를 얻을 수 있다는 것을 잊지 말자.

학년별 학습전략

고1 – 첫 시험에서 좌절하지 말고, 꾸준한 학습으로 기초를 다지자.

고등학교에 입학한 후 3월 모의고사를 치른 후 혹은 1학기 1차 지필고사를 치른 후 많은 학생이 좌절을 겪는다. 중학교 때까지는 점수가 괜찮은 편이었는데, 고등학교에 와서 성적이 급격하게 떨어졌다고 하소연하는 고1 학생들이 많다. 정말 중학교 때 영어 실력이 괜찮았는데 고등학교 때 실력이 떨어진 걸까? 단순하게 단어와 교과서 내용을 암기해서 치를 수 있는 중학교 시험과는 다르게 급격히 수준이 올라간 어휘, 길어지고 복잡해진 문장, 내신 대비를 준비함에 있어서의 방대한 학습량 등이 모두 작용한 결과다.

자칫하면 첫 시험을 치른 후 좌절하여 영어 공부에 손을 놓고, 어영부영 시간을 보내다가 2학년이 되어 버려 어느 순간 영어를 포기하는 학생들도 하나둘 생겨난다. 그러니, 첫 시험에서 중학교와 확연히 차이가 나는 결과가 나왔다고 해서 좌절하지 말자. 자신의 실력에 한계를 느낀 학생들이 빠르게 벗어나는 방법은 오직 꾸준히 반복 학습을 통해 자기만의 학습패턴을 만드는 것이다. 고등학교 1학년 영어학습에서 중요한 학습 부분은 다음과 같다.

첫째 어휘 공부다. 중학교 때와 다르다는 것을 가장 많이 체감하는 부분이 바로 어휘다. 교과서와 부교재, 모의고사에 이르기까지 내신시험을 준비할 때 외워야 할 단어의 양도 어마어마하게 늘어난 데다, 지문이 변형되어 나오는 경우도 많기에 학생의 평소 어휘 실력이 매우 중요하다. 시중에 판매되는 2,000~3,000개 정도 나오는 단어장을 선정해서, 혹은 학교에서 부교재로 선정한 단어장 등을 세 번 정도 반복해서 필수 단어는 확실히 암기하는 것이 좋다. 《능률 보카 시리즈》와 《워드 마스터 시리즈》를 추천한다.

작은 수첩을 이용해 나만의 단어장을 만드는 것도 좋은 방법이다. 작은 수첩에 공부하다 모르는 단어가 나올 때마다 모두 적어놓고, 쉬는 시간 등의 자투리 시간을 이용해서 틈틈이 반복해서 들여다보면 자연스럽게 암기가 된다.

스마트폰 어플리케이션 중 다음 사전도 추천한다. 단어를 검색해 뜻을 확인한 후 단어장에 담을 수 있는데, 단어장을 용도별로 여러 개 만들어서 저장할 수 있다. 이렇게 저장한 단어를 카드 암기, 객관식, 빈칸 채우기 기능을 통해 학습할 수 있기에 효율적인 단어 공부가 된다.

두 번째는 문법 학습이다. 고등 내신에서 좋은 성적을 받기 위해서는 중학교 때와 마찬가지로 시험 범위 내에 나오는 문법 포인트 등을 확실하게 숙지해야 한다. 서술형 문항은 문법을 잘 알고 있는지 확인하기 위해 영작 형태로 나오는 만큼 주요 문법 포인트가 들어간 문장은 문장 전체를 숙지하는 것이 좋다. 학교에 따라 다르지만, 모의고사 어법 문제처럼 시험 범위에 나오는 핵심 문법 사항 이외의 기본 문법 개념을 알아야 풀 수 있는 문제들도 나오는 추세이다. 평소에 문법 개념 정리를 틈틈이 해 놓는 것이 좋다.

세 번째는 독해 학습이다. 1학년 때는 먼저 수능 유형에 익숙해져야 한다. 유형별로 다양한 지문을 풀어보며, 풀이 방법을 익히도록 한다. 또한 중학교 때 보다 복잡하고 어려워진 구문이 많이 등장하므로, 주요 구문들을 노트에 정리하고 완전히 익히는 것이 좋다. 모의고사를 보고 나면 틀린 문제들을 오답 노트를 만들어 체크하자. 1학년 때는 내가 주로 틀리는 유형이 무엇인지 파악하고, 그에 따른 전략을 잘 짜는 것이 매우 중요하다.

고2 – 흔들리지 않고, 단단하게 중심을 잡고 공부하자.

2학년이 되면 교과 학습량 및 범위, 중요도가 매우 늘어서 많은 학생이 현실을 깨닫고 공부에 의욕을 잃기도 한다. 영어를 포기하는 학생들도 생기기 시작하는데 절대 포기하면 안 된다. 3학년이 되면 다른 과목에 밀려 상대적으로 영어에 많은 시간을 투자하기 어려운 만큼 2학년은 영어학습에 최선을 다해야 하는 시기다. 고1 때 내신 성적이 다소 부진했다면, 내신과 수능까지 기본기를 점검하며 안정적 등급 확보를 목표로 해야 한다. 고등학교 1학년과 마찬가지로 고2 학습은 어휘, 문법, 독해 순으로 학습을 권장한다.

첫 번째 어휘 공부다. 1학년 때는 단어장을 선정해서 여러 번 반복해서 기초를 쌓았다면, 2학년 때는 자주 나오는 숙어 및 동의어, 반의어 등을 따로 정리하며 어휘를 확장하는 시기다. 자투리 시간을 활용한 반복 학습을 습관으로 만들며, 오답 노트나 나만의 단어장 등을 활용하여 어휘를 체계화하는 것이 중요하다.

두 번째는 문법 공부다. 2학년 때는 1학년 때 보다 심화된 어법이 내신에 출제된다. 1학년 때 쌓은 기본 개념을 바탕으로, 주요 문법 포인트 등을 확실하게 숙지하고 어법 문제 풀이 연습을 꾸준히 해야 한다.

세 번째는 독해다. 2학년이 되면 문장이 더 길어지고 문장 구조가 복잡해지는 만큼 빠르고 정확한 해석을 위한 연습이 필요하다. 타이머를 이용하여 지문을 풀 때 시간 내에 푸는 연습을 계속해나가며, 글의 주제와 구조, 흐름 등을 분석하도록 하자. 모의고사 전날에는 1학년 때부터 만들어놓은 오답 노트를 복습하며, 해석이 잘 안되었던 구문, 이해가 어려웠던 지문 내용을 점검해보자.

고3 – 끝날 때까지 끝난 것이 아니다.

대부분의 학교에서 고3 때는 부교재로 〈EBS〉 교재를 선택한다. 내신을 위해서건, 수능을 위해서건 고3 영어 공부는 〈EBS〉 연계 교재가 중심이 될 수밖에 없다. 내신을 위해서는 꼼꼼하게 지문을 파악해야 한다. 지문의 개념을 확실히 이해하고, 지문에 나오는 주요 문법 포인트 등을 점검한다. 아울러 수능을 위해서는 지문별 주제, 글의 구조, 흐름 등을 정리하며, 연계 교재 지문을 이용한 다양한 예상 문제를 구입해 풀어보는 것이 좋다.

1학기 내신이 끝난 후인 여름방학부터는 1학년과 2학년 때 다진 기본/심화 문법, 구문 포인트 등을 점검하며, 취약한 유형만 따로 풀어보는 연습을 하자. 다양한 기출 문제를 시간을 재서 실전처럼 꾸준히 연습하는 것도 잊지 말자.

무엇보다 3학년 때 중요한 것은 멘탈 관리다. 몇 년 전 수능에서 가르쳤던 학생들에게 일어난 일이다. 그해 국어와 수학이 어렵게 출제되었는데, 모의고사 점수 92~95점 정도를 꾸준히 유지했던 학생이 국어에 이어서 수학까지 어려워 망쳤다고 생각되자, 그 기분이 3교시인 영어까지 이어져 평소보다 낮은 89점을 받아 2등급을 받고 말았다.

반면에, 그해에 제대하고 몇 년 만에 다시 수능을 본 제자는 93점으로 1등급을 받아 신이 나서 연락이 왔다. 현역 때 수능이 2등급이었던 제자인데, 국어랑 수학이 어려웠지만, 그때그때 혼란스럽고 실망스러운 마음을 갈무리하고 점심 식사 후 영어시험을 볼 때는 집중해서 성적이 잘 나왔다는 것이다. 이미 성인이고, 대학을 다니다 수능을 본 것이라 망쳐도 돌아갈 곳이 있었기에 멘탈 관리가 고3 학생들보다 수월했던 것일까? 제자와 비슷한 상황이어도 온전히 집중해서 보지 못한 재수생 혹은 장수생들은 평소보다 실력 발휘를 못 했을 것이다.

1교시, 2교시 때 치른 시험의 영향력이 3교시까지 이어져서는 안 된다. 3년을 열심히 공부해놓고 실전에서 제 실력을 발휘하지 못하는 것처럼 슬픈 일이 또 있을까? 끝날 때까지 끝난 것이 아니다. 시험장을 나서는 순간까지 오롯이 지난 3년간의 내 노력을 모두 쏟아붓겠다는 마음으로, 매 교시마다 그 순간에 집중할 수 있도록 멘탈 관리를 하자.

Part 4

AI 시대에도 살아남는
맞춤형 영어 코칭
(이태연 오만한영어 원장)

이제는 코칭이다

"교육은 티칭이 아니라 코칭의 시대로 변화하고 있다."는 말이 요즘 교육 현장에서 빈번히 들린다. 코로나19 팬데믹이 우리 세상에 직면시킨 독특한 상황들 속에서 전통적인 교육 방법이 아닌 새롭고 혁신적인 교육 시스템이 속속 등장하고 있다. 이러한 변화 속에서 학생을 도와주는 코칭의 역할은 더욱 중요하다.

코칭의 정의

코칭은 개인의 목표를 성취할 수 있도록 자신감과 의욕을 고취시키고 실력과 잠재력을 최대한 발휘할 수 있도록 돕는 일을 의미한다. '코칭(coaching)'이라는 용어는 커다란 사륜마차를 가리키는 '코치(coach)'로부터 비롯된 것으로, 사람을 목적지까지 운반한다는 의미에서 목표 지점에 다다를 수 있도록 인도한다는 의미로 변화하였다. 1830년 영국 옥스퍼드 대학에서 학생들의 시험 통과를 돕는 가정교사 일을 가리키는 말로 사용되었고, 1861년에 이르러 스포츠 분야에서 사용되기 시작하였다.

〈네이버 지식백과〉

학습에서 코칭이란, 학생이 자기의 지식을 이용해서 문제를 해결하고 목표를 달성하도록 도움을 주는 것을 의미한다. 교육 방식이 학생 중심으로 바뀌면서 교사들의 역할이 많이 변했다. 교사들은 단지 지식을 가르치는 역할만이 아니라 학생들이 자기 주도적으로 학습하고 성장하도록 가이드하는 코치의 역할을 하게 되었다. 이런 변화는 코로나19 팬데믹으로 잦아진 원격 학습 환경에서 더욱 중요해졌고, 이러한 방식은 학생들이 능동적이고 창의적으로 학습에 참여하게 함으로써 그들의 학습 효과를 높이는 데 큰 도움이 된다.

학습 코칭이 자기주도학습을 가능하게 한다.

코칭의 정의를 읽으면서 떠오르는 단어 하나가 있다. 교육의 핵심 요소 중 하나인 '자기주도학습'이라는 개념이다. 최근 교육 현장에서 코칭의 중요성이 강조되고 있는데, 이는 코로나19로 인해 교육 시스템이 빠르게 변화하고 있는 것과 관련 있다. 자기주도학습은 약 20년 전부터 교육에서 주목받고 있으며, 현재도 중요성과 필요성이 강조되고 있다.

코로나19는 2019년 12월 중국 우한에서 처음 발생한 이후로 전 세계가 큰 변화를 가져왔다. 우리나라 교육부에서도 학생들의 안전한 학교생활을 위해 온라인 개학을 하여 원격수업을 진행하는 등의 학습 방법에 변화가 일어나기 시작했다. 초기에는 녹화된 동영상을 주로 사용했다. 이로 인해 선생님과 학생 간의 상호소통이 제한되어 많은 학생이 수업 내용을 제대로 이해하지 못했다.

교육부와 KERIS가 51,021명의 교사를 대상으로 한 온라인 설문조사에 따르면 교사 79%가 학생 간 학습격차가 커졌다고 답했고, 학습격차가 심화된 이유의 1순위로 '학생의 자기주도학습 능력 차이'(64.92%)를 지목했다. 특히 자기주도학습 능력이 부족한 학생들은 원격수업에서 흥미를 잃거나 집중을 유지할 수 없었고 학습이 끝나면 선생님에게 평가나 피드백을 받기도 어려웠다. 반면에 자기주도학습 역량을 갖추고 있는 학생들은 원격수업에서도 좋은 성과를 보였다.

이로 인해 사교육에 종사하는 교육자들은 이런 변화에 적응하고 학생들을 돕기 위해 새로운 방식을 찾게 되었다. 1:1 학습 코칭을 제공하는 학원들이 생겨났고 학생을 온라인 환경에서 관리하는 학원(밀당**)도 등장하였다. 특히 밀당**는 온라인 학원임에도 불구하고 코칭의 중요성이 부각 되는 시대에 맞춰 급성장하고 있다. 이러한 교육 기관들은 학생들의 학습 동기를 높이고 학습을 효율적으로 계획하고 관리하도록 돕는다. 이들 기관은 학생의 성격과 특성을 고려하여 맞춤형 수업과 적절한 피드백을 제공해 줌으로써 학생들이 자신에게 가장 적합한 방식으로 자기주도학습을 실현할 수 있도록 한다. 이를 가능하게 하는 핵심 요소가 바로 학습코칭이다.

학습역량이 필요하다

맞춤형 수업 전략을 제공하고 학습 이후 피드백을 주는 것만이 성공적인 학습코칭일까? 이에 대한 필자의 대답은 '아니오'이다. 추가적으로 반드시 고려해야 할 요소가 있는데, 바로 학습역량이다. 고려대학교 대학원의 민철홍 교수는 "학습역량을 기반으로 한 학습코칭이 되어야 학습효과 향상에 도움이 된다"고 말한다.

　민철홍 교수가 말한 학습역량에는 동기 역량, 인지 역량, 정서 역량, 행동 역량 네 가지가 있다. 동기 역량은 학습에 대한 내부적인 열정과 외부적인 목표 설정 능력을 말한다. 인지 역량은 학습하는 내용을 이해하고, 그 내용을 적절하게 기억하고 적용하는 능력을 가리킨다. 정서 역량은 학습 도중에 경험하는 감정을 적절하게 관리하는 능력을 의미한다. 마지막으로 행동 역량은 실제로 학습 행동을 실행하는 능력이다. 이는 학습 일정을 계획하고, 학습 환경을 조성하며, 지속해서 학습 행동을 실천하는 것을 포함한다. 이들 각각의 역량은 세부 역량으로 더 나누어지며 그 중 약점은 강화하고 강점은 약해지지 않도록 코칭해야 학업적 성취가 올라간다.

　이를 쉽게 이해하기 위해 운동에 비유해보자. 우리가 헬스장에서 운동한다고 가정할 때, GX(group exercise) 수업을 받는 것과 PT 받는 것의 차이로 설명할 수 있다. 일대일 코치를 받는 PT(personal training)는 체성분 분석을 통해 나온 결과를 바탕으로 회원의 목표에 맞게 운동 방향을 설정하고, 개인 신체의 특성 맞게 운동을 시켜주고, 부위별 근육을 살펴 약한 부분 근육을 키우고, 강한 부분은 유지하도록 운동 계획을 짠다. 또한 운동에 흥미를 잃거나 지치지 않도록 지속해서 동기부여를 해 그룹으로 운동하는 것보다 운동 효과가 월등히 뛰어나다. 학습코칭도 마찬가지로 개별적인 맞춤 수업 전략에 학생의 학습역량을 더하여 약한 역량은 키우고 강한 역량은 유지 시키며 공부할 때 학업 결과가 훨씬 좋은 학업 결과를 가져온다. 운동하기 전 체성분 검사 결과로 운동 계획을 짜듯이 학습역량도 여러 검증된 검사를 활용하고 그 결과치로 코칭 해주어야 한다.

그룹수업은 분명 훌륭한 수업 방식이다. 여러 명을 한 그룹으로 묶어서 함께 공부하며 친구들과의 경쟁이 동기부여가 되고, 다양한 학습 도구나 수업 방식을 사용함으로써 흥미진진한 수업이 가능하다. 그러나 미래가 원하는 인재형, 4차 산업혁명 시대에 필요한 인재는 자기주도 학습자이며 그 능력을 키워주는 데 필요한 것이 코칭이다.

우리가 알고 있는
자기주도학습은 가짜다

자기주도학습의 오해와 진실

현대 교육 분야에서 거센 관심을 받는 학습 방법이 바로 '자기주도학습'
이다. 요즘은 자기주도 홀릭이라고 할 만큼 많은 교육업체에서 너도나도 자
기주도 학습법을 소개하고 활용하고 있다. "개개인에 딱 맞는 공부법이다."
"스스로 공부하는 습관을 들여준다." "계획적이고 체계적인 학습이 가능하
다." 등 엄마들의 마음이 흔들릴만한 내용으로 소개되고 있다.

자기주도학습이라는 개념은 현대 사회에 들어서 갑자기 등장한 것
은 아니다. 이미 1975년에 노울즈(Malcolm Knowles)가 그의 저서 "The
Modern Practice of Adult Education: Andragogy versus Pedagogy
(현대 성인 교육의 실제: 안드라고지 대 페다고지)에서 어른의 교육에 대한
개념을 소개하였고, 그는 어른들이 자신의 학습을 스스로 주도하며 책임감

을 가지는 것을 강조하였다. 노울즈는 이를 '자기주도학습(Self-Directed Learning)'이라는 용어로 명명하였고, 이로써 현대적 의미에서 자기주도학습 개념이 탄생했다.

21세기에 들어서며, 한국에서도 자기주도학습에 대한 인식이 많이 증가했다. 이에 따라 교육 현장에서도 자기주도학습을 더욱 적극적으로 도입하려는 움직임이 생겼다. 그러나 여전히 자기주도학습에 대한 정확한 이해가 부족하며, 그 실행 또한 제대로 이루어지지 않고 있다. 자기주도학습은 학습자 스스로가 학습 과정을 주도하고 관리하는 학습 방식으로, 학습자에게 책임감과 독립성을 부여하는 중요한 역할을 한다. 이 방식은 학습자가 스스로 학습 목표를 세우고, 학습전략을 기획하며, 학습 진행 상황을 점검하고 필요한 개선사항을 파악하는 과정을 포함한다.

그러나 이런 자기주도학습엔 몇 가지 문제점이 있다.

첫째로, 학생들에게 과도한 부담을 줄 수 있다. 스스로 학습전략을 설정하고 진행 상황을 평가하는 것은 쉽지 않은 일이며, 이를 수행하려면 상당한 경험과 능력이 필요하다. 학생 중에는 이런 능력이 부족하여 자기주도학습이 오히려 스트레스인 경우도 많다.

둘째로, 학습에 대한 책임을 학생에게 돌리는 것은 학습 부담을 증가시킨다. 학습에 대한 열정과 동기가 부족한 학생들에게는 자기주도학습이 효과적이지 않다.

노울즈는 자기주도학습을 주로 성인 대상으로 연구하였으므로, 아동과 청소년에게는 이 방식이 어려울 수 있다. 또한 자기주도학습을 한다고 해서 반드시 학업 성적이 좋아질 것이라는 보장은 없다. 결국, 학습의 모든 과정을 학생이 책임지고 해내는 학습법이 아니라 학생 자신의 역량으로 학업 성취를 올릴 수 있는 진짜 자기주도 학습법이 필요하다.

진짜 자기주도학습, 그것은 자기조절학습

자기주도학습에 대한 대다수의 이해는 대체로 표면적인 해석에 머무른다. 따라서 자기주도학습은 도와주는 선생님 없이 혼자 하는 것이라고 여겨진다. 학원 또는 과외 도움을 받지 않고 독립적으로 학습하려는 것을 자기주도학습이라고 생각하는 경우가 많다. 학부모와 학생들 사이에서 자기주도학습은 자율학습의 한 형태로 인식된다. 학부모나 교사들은 자율성이라는 취지 하에 학생들을 방치하게 되고, 학생들은 주도성이라는 취지 하에 미숙한 학습 경험을 하면서 학습에 부담감만 가지게 된다.

대부분의 학생은 자기주도학습을 해 본 경험이 많지 않고 시간 관리법, 학습전략 등의 구체적인 방법도 알지 못한다. 방법적인 문제도 있지만 학생 본인에게 부족한 부분이 무엇이며, 부족한 것을 채우기 위한 본인만의 공부법도 모른다. 그래서 학생과 학부모들은 자기주도공부에 실패한다. 사교육은 물론 공교육 또한 한목소리로 자기주도학습의 중요성을 말하고 있다. 이론적으로는 가장 이상적인 학습 방법이라는 걸 알고 있지만 어떻게 자기주도학습을 하는지 세부적인 방법은 알려주지 않고 학생들에게만 맡겨놓은 것이 현실이다. 이제 진짜 자기주도학습이라고 할 수 있는 '자기조절학습'을 이야기할 때이다.

자기주도학습은 학습자가 모든 학습 과정을 스스로 관리하고 이끌어가는 방식을 말한다. 이 방식은 교사의 개입이나 외부 도움 없이 학습자가 모든 과정을 독립적으로 수행하는 것을 요구한다. 반면, 자기조절학습은 학습자가 자신의 학습 행동과 과정을 스스로 조절하고 관리하는 능력에 초점을 맞춘다. 이 방식에서는 교사의 역할이나 학습 코칭이 중요한 요소로 작용한다.

자기주도학습과 자기조절학습의 차이점은 자전거를 배우는 방법에 비유해보면 이해하기 쉽다. 자기주도학습은 처음으로 자전거를 타는 어린아이가 아무런 도움 없이 바퀴를 굴려 가며 혼자 균형을 잡아가는 과정을 말한다. 학습자는 모든 학습 과정을 스스로 주도하며, 도움이 필요한 순간도 자신이 직접 문제를 찾아 해결해 나간다. 그러나 자기조절학습은 자전거를 처음 타는 어린아이가 부모의 도움을 받으며 점차 균형을 잡고 나아가는 과정에 비유할 수 있다. 이는 학습자가 스스로 학습을 주도하는 동시에, 초기에는 교사나 학습 코치의 도움을 받아 학습전략이나 방법을 배우는 것을 의미한다. 점차적으로 교사의 지원이 줄어들면서 학습자 스스로 학습 과정을 조절하고 주도하게 된다.

결국, 두 학습 방식은 학습자가 스스로 균형을 잡고 학습을 주도하는 것을 최종 목표로 하지만 시작점에서 교사나 학습 코치의 도움이 얼마나 필요한지에 따라 두 방식을 구분하면 된다. 결론적으로 자기조절학습은 학습자가 자신의 학습 과정에 주도성을 가지면서 동시에 외부 지원을 받아 학습 효과를 극대화하는 방법이다. 자기조절학습이 많은 교육 현장에서 보다 현실적이고 적합하다.

자기조절 학습자가 되는 법

자기조절학습은 학습자 스스로가 주도권을 가지는 자기주도학습이다. 이는 학생이 자신만의 학습 방법을 찾아내고 지속해서 그것을 개선해 나가는 과정이지만 교사의 역할이 무엇보다 중요하다. 교사는 학습 과정을 직접 지휘하는 것이 아니라, 학생이 자기주도학습을 현실화할 수 있도록 지원하는 역할을 수행한다.

자기조절학습은 학생이 자신의 학습 과정을 스스로 관리하고 개선하는 네 가지 주요 단계로 이루어져 있다.

첫 번째 단계는 '목표 설정'이다. 이 단계에서 학생은 자신만의 학습 목표를 정하고, 그것을 이루기 위한 계획을 세운다. 예를 들어, "다음 주에 이 주제를 다 끝내보겠다." 또는 "이달 안에 이 문제집을 다 풀어보겠다"같이 목표를 세울 수 있다.

두 번째 단계는 '전략 계획'이다. 여기서 학생은 목표를 이루기 위해 어떤 방법을 써 볼지 계획해본다. 예를 들어, "매일 한 시간씩 공부해보겠다." 또는 "주말에는 2시간씩 공부해보겠다."같은 계획을 세울 수 있다.

세 번째 단계는 '실행'이다. 이 단계에서 학생은 계획한 학습 방법을 실천해보고 학습 진도를 체크해 본다. 직접 학습에 참여하고 그 과정을 자신이 어떻게 수행했는지 스스로 평가해본다.

마지막 단계는 '피드백'이다. 여기서 학생은 자신의 학습 성과를 평가해보고 어떤 부분을 좀 더 개선해야 할지 교사와 함께 논의해보며 조정해 나간다. "이 주제는 좀 더 시간을 들여야겠다." 또는 "이런 방법으로 공부하니까 잘 이해가 되네." 같이 자신의 학습 과정에 피드백을 주면서 학습 방법을 더욱 개선해 나갈 수 있다.

위 네 단계 과정을 거쳐 학습을 모니터링하고 평가하면서 필요한 조정을 하는 것이 자기조절 학습자가 되는 방법이다. 이런 방식으로, 학생들은 자신을 진정한 자기조절 학습자로 성장할 수 있다.

메타인지를 활용한
학습전략

필자가 현재 글을 쓰고 있는 시기는 6월 초순이며, 사교육계의 학사 일정으로는 기말고사 대비가 진행되고 있다. 학생들은 학원에 다니면서 선생님의 지시에 따라 문제를 풀거나 교과서 문장 암기를 한다. 그리고 자신들이 열심히 공부하고 있으며 공부하며 습득한 지식이 모두 자신의 것이 되었다고 생각한다. 하지만 진짜로 그들이 모든 지식을 알고 있는 것일까? 아니다. 그들은 모든 것을 알고 있다고 착각하고 있을 뿐이다.

메타인지 제대로 알기

요즘 엄마들 사이에서 가장 화젯거리인 용어 중 하나가 메타인지다. 많은 학습 설명회와 블로그 글에서도 메타인지에 관한 내용이 많다. 그만큼 메타인지의 중요성이 부각하고 있다는 증거다. 메타인지는 발달 심리학자 존 플라벨이 정의한 바에 따르면 '더 높은', '초월한'의 뜻을 지닌 '메타 (Meta)'와 '어떤 사실을 인정하여 안다.'는 뜻인 '인지(Cognition)'의 합성어다. 나 자신이 무엇을 알고 있는지, 또 무엇을 모르는지를 파악하는 능력을 의미한다. 이런 의미에서 그리스 명언 "너 자신을 알라."가 떠오른다. 이것이 바로 메타인지를 뜻하는 것이다. 그 명언처럼 학생들은 공부하면서 스스로가 모르는 것과 알고 있는 것을 구분하고 학습전략을 세워야 한다. 이때 메타인지의 수준은 아이들의 성적에 큰 영향을 미칠 수 있다.

예를 들어, 학생이 영어단어 시험을 준비한다고 가정해보자.
1. 학생은 단어시험에 통과하기 위해 정해진 개수의 단어를 확인하고 암기한다.
2. 본인에게 맞는 암기 방법으로 반복적인 암기 과정을 거친다.
3. 테스트하기 전에 스스로가 정확히 알고 있다고 생각하는 단어가 몇 개인지 확인한다.
4. 영어단어 테스트를 한 후 채점을 받는다.
5. 테스트 전에 알고 있다고 생각했던 단어와 채점된 정답을 확인한다.

위 5개 단계에서 이 학생은 공부를 시작하기 전 시험에 나올 단어를 확인하여 모르는 단어와 알고 있는 단어를 파악한다. 그 후 자신에게 맞는 암기 방법을 선택하고 반복적으로 학습한다. 시험을 치기 직전에는 정확히 알고 있는 단어의 개수를 확인하고, 시험을 치고 나서는 이전에 알고 있다고 생각하던 단어와 실제 채점 결과를 비교해본다. 알고 있다고 생각했던 단어와 정답의 수가 큰 차이가 없으면 메타인지가 높다고 볼 수 있다.
만약 알고 있다고 생각한 단어와 정답의 수가 차이가 난다면 메타인지가 낮다고 할 수 있는데, 이러한 수의 차이는 학생이 시험공부 할 때 밑줄을 긋고 따라 써 보며 친숙해져서 본인이 많이 알고 있다고 착각하기 때문이다. 그러므로 학생들은 친숙함을 안다는 것으로 착각하지 않기 위해 자신의 학습 상태를 정확히 파악하고 메타인지를 높이는 것이 중요하다. 스스로 모르는 부분을 인식하고 보완하며 학습 성과를 이끌어내야 한다.

메타인지력을 활용한 실전 영어 공부법

필자는 현재 1인 원장으로 작은 공부방을 운영하고 있으며, 19년이라는 긴 시간 동안 다양한 방식으로 아이들을 가르쳐 왔다. 2000년대에는 다른 많은 학원과 마찬가지로 그룹수업을 통해 학생들을 가르치는 방식을 채택했다. 하지만 그룹수업의 한계를 점차 느끼며 개별 맞춤 학습으로의 전환을 진행하던 중 학습 코칭의 개념을 알게 되었고, 현재는 대부분의 수업을 자기조절학습 방식으로 운영하고 있다. 자기조절학습에서 중요한 역량이라 생각되었던 메타인지를 활용한 몇 가지 공부법을 소개해 보려고 한다.

학습 플래너

필자가 개별 맞춤 수업으로의 전환 과정에서 가장 중요하게 여기는 것은 학습 플래너와 숙제 플래너이다. 개별 맞춤 수업은 학생 개개인의 역량과 수준에 맞춰서 수업을 진행하는 이상적인 개념이지만 현실적으로는 많은 한계에 부딪힌다. 일대일 과외가 아닌 이상 다수의 학생을 대상으로 한 명씩 맞춤 학습을 실행하는 것은 불가능하기 때문이다. 이에 대해 고민하면서 전문가들의 강의를 듣고, 나만의 학습 플래너와 숙제 플래너를 개발하게 되었다.

학습 플래너가 왜 메타인지를 활용하는 공부법일까?

메타인지는 내가 무엇을 아는지와 모르는지를 파악하는 능력이다. 학습 플래너를 사용함으로써 학습 상황이 시각화 되어 본인의 상태를 쉽게 파악할 수 있다. 현장에서 학생들을 가르치다 보면 메타 인지력이 떨어지는 학생들이 본인이 무엇을 공부하는지조차도 모르는 경우가 있다. 이런 학생들은 공부하러 올 때마다 "오늘은 무엇을 공부해야 해요? 어느 정도 풀어요?"를 물어본다. 메타인지 개념을 모르는 선생님들과 부모님들은 이런 질문을 받으면 학습에 관심이 없다고 착각하기 쉽다. 관심이 없다는 것도 맞지만 정확히 말하면 메타인지력이 떨어지는 것이다. 이것을 보완하기 위해서 메타인지력이 부족한 학생에게 학습 플래너는 필수이다.

메타인지력이 높은 학생들을 살펴보면서 왜 플래너가 필수인지 알아보자. 메타인지력이 높은 학생은 대체로 학습 진행 상황을 잘 숙지하고 있다. 이런 학생들에게 플래너를 작성하게 하면 자신이 지난 시간에 어디까지 했고 이번에는 어디를 학습해야 할지 정확히 파악하고 공부를 시작한다. 또한 플래너를 통해 자신의 학습 레벨을 알고 주변 다른 학생들과 비교해가며 수준을 체크해서 앞으로의 계획을 세울 수도 있다. 학생들과 선생님이 함께 학습 계획을 세우고 그에 따라 진행 상황을 확인하며 학습을 조절하는 것이다. 또한 어떤 부분에서 어려움을 겪고 있는지 플래너에 적힌 일자별 학습량으로 체크할 수 있다. 길게 늘어지며 학습한 부분이 있는지 살피고 여러 번 반복했던 단원을 한눈에 파악할 수 있다. 이를 통해 어느 부분을 더 집중적으로 공부해야 하는지를 알고, 필요한 부분을 보완하고 개선할 수 있다. 따라서 학습 플래너는 학생들이 자기주도적으로 학습을 조절하고 효과적으로 학습할 수 있는 중요한 도구 중 하나이다.

플립러닝, 거꾸로 수업

　학교 또는 학원에서 선생님들이 알려주는 수업 내용을 받아적고 반복적으로 읽으면 학생들은 그것을 알고 있다고 착각하게 된다. 그러면 착각하지 않고 정말로 학생이 알고 있는지 확인하는 방법은 없을까? 필자가 공부방에서 문법 수업을 할 때 종종 쓰는 수업 방식이 있다. 플립러닝이라고 불리는 이 수업은 일반적으로 수업 시간에 선생님이 설명하고 학생들이 집에서 숙제하거나 복습하는 형태에서 벗어나 아이들이 인터넷 강의를 보고 스스로 정리해 오게 한 후 칠판에 서서 선생님과 친구들에게 역으로 강의하게 하는 것이다. 막연하게 알고 있다는 느낌이 아니라 남에게 설명할 수 있을 정도로 정확하게 공부해 오는 것을 목적으로 한다.

　처음에는 설명하는 방식이나 표현하는 방법이 서툴러 시간도 오래 걸리고, 알고 있다고 착각했던 부분들에서 설명이 막히기도 하면서 선생님과 학생 모두가 힘들 수 있다. 그러나 시간이 지나면서 부족했던 부분이나 개선할 점을 조금씩 찾아가고 본인에게 맞는 암기법, 설명 방법을 배워가며 메타인지를 높일 수 있다. 설명이 끝난 후 학생들 스스로가 해냈다는 성취감이 높아져서 학습 동기부여에도 좋은 영향을 미친다. 실제로 선생님이 설명한 후 문제를 푸는 것과 플립러닝으로 학습한 후 문제를 풀었을 때의 정답률도 차이가 있었다. 내가 몰랐던 부분을 더 집중해서 공부하고 자신이 이해한 것을 사람에게 전달하면서 학생의 이해가 더 깊어진다.

오답 노트

　이 책을 읽는 독자가 모두 학원 원장님 또는 강사는 아닐 것이다. 엄마표로 자녀를 가르치는 분들도 쉽게 활용할 수 있는 공부법이 있다. 집에서 자녀에게 가르치면서 쉽게 적용할 수 있는 메타인지를 활용한 공부법 중 하나는 오답 노트이다. 이 공부법은 단순히 채점 후 오답을 찾아서 노트에 기록하는 것이 아니라 왜 틀렸는지 오답의 이유를 파악하고, 그 문제와 관련된 개념을 함께 정리하는 방식으로 진행된다. 예를 들어 "I am late."라는 문장을 과거형으로 바꾸는 문제가 있다고 가정해보자. 만약 학생이 답을 찾아내지 못한다면 올바른 정답을 적고 색깔이 다른 볼펜을 사용하여 "be 동사"의 과거형에 해당하는 개념도 함께 적는다. 이렇게 완성되어가는 오답 노트는 오답에 대한 해설뿐만 아니라 모르는 부분이나 헷갈리는 개념을 복습할 수 있는 나만의 미니 문법 노트가 된다.

학생들은 자신이 이미 알고 있는 내용을 재학습하는 것을 더 재미있다고 느낀다. 그 이유는 이미 익숙한 내용을 반복함으로써 생기는 편안함과, 그로 인해 일시적으로 학습한 내용을 잘 이해하고 있다는 착각 때문이다. 하지만 이런 방식으로 공부한 내용은 단기적인 메모리에 머무르고 장기적으로 기억에 남지 않는 경우가 많다. 그래서 공부는 불편함을 느끼는 과정에서 인지적 성장이 일어나는 것이 중요하다. 즉, 몰랐던 또는 이해하지 못했던 부분에 집중하여 학습하며 그 과정에서 자신에게 질문하고 답하면서 새로운 지식을 자신의 것으로 만드는 것이 중요하다.

위 과정에서 오답 노트는 중요한 도구가 될 수 있다. 오답 노트를 통해 자신이 틀렸던 문제나 이해하지 못한 개념을 분석하고 정리함으로써 잘못된 이해를 바로잡을 수 있다. 더불어 오답 노트를 통해 복습하고 자신의 이해를 확인함으로써 학습 효과를 극대화할 수 있다. 결국 효과적인 학습은 '알고 있는 것을 재확인하는 것'이 아니라, '모르는 것을 알아가는 과정'을 통해 이루어지게 되는 것이다.

필자가 제시한 학습 플래너, 플립러닝, 오답 노트 세 가지는 메타인지를 활용한 공부법으로 학생들이 자기주도학습 능력을 키우고, 보다 효과적으로 깊이 있는 학습이 가능한 자기조절학습 능력을 개발하는데 큰 도움이 될 것이다.

문법도 코칭으로 된다

일반적으로 우리가 상상하는 문법 수업의 모습은 학생들이 교실에서 책을 펴고 앉아있고 선생님이 칠판에 내용을 적어가며 문법을 가르치는 형태이다. 선생님은 교실에 앉아있는 학생 모두가 내용을 잘 이해할 수 있도록 열심히 설명하며 학생들은 선생님의 설명을 메모하거나 문법 내용을 익히기 위해 밑줄을 그어가는 등 노력한다. 그러나 이 책을 읽고 있는 독자는 학습코칭과 자기조절학습에 대해 순차적으로 읽어왔기 때문에 도입 문장에 적힌 전통적인 문법 학습법이 비효율적이라고 느낄 수 있다.

예를 들어, 같이 수업받는 학생이 두 명 있다고 가정해보자. 같은 시간에 같은 내용으로 수업을 들은 후 이 두 학생이 이해한 내용은 똑같을까? 학생 각각의 이해도와 학습역량이 다르기에 두 학생이 동일한 학습 효과를 얻을 수 없다.

요즘의 문법 수업은 시험 성적을 얻기 위한 문법 학습에 그치는 것이 아니라, 영어 문장 작성 능력을 향상하기 위해 문법을 체득해야 한다. 내신 시험에서는 서술형 문제의 비중이 높아지고 있으며 쓰기와 말하기가 결합한 수행평가도 별도로 진행된다. 따라서 영어 문법 또한 일대일 코칭 방식으로 접근하는 것이 필요하다.

거꾸로 수업(플립러닝)을 활용한 문법 코칭

거꾸로 수업을 다른 말로 플립러닝이라고 한다. 앞서 메타인지 장에서 다루었듯이 플립러닝은 전통적인 교육 방식과 달리 학생들이 사전에 지식을 숙지한 후 수업 시간에 토론, 또는 발표 등의 활동을 하는 방식을 말한다. 자신이 무엇을 알고 무엇을 모르는지를 구분하는 메타인지력을 기르기에 적합한 수업인 만큼 자기조절학습을 구현하는 수단이다. 따라서 1:1 개별 맞춤 문법 수업에도 효과적으로 적용할 수 있는 방법이다.

문법 코칭에 활용하는 거꾸로 수업은 4단계로 진행할 수 있다.

첫 번째는 사전학습 단계이다. 학생이 학습해야 할 단원을 온라인 영상학습을 통해 미리 철저하게 예습한다. 예습하면서 잘 모르는 부분은 온라인 영상을 여러 번 보면서 반복 학습이 가능하기에 간혹 질문에 부담감을 느끼는 친구들이 학습하기에도 좋은 도구이다. 사전학습은 각 단원의 문법 개념과 예문을 이해하려고 노력하고 스스로 공부하며 다른 학생들에게 설명해줄 수 있도록 머릿속으로 정리하는 것이다.

두 번째는 문제 풀이와 오답 분석 단계이다. 개념 정리가 완료되면 해당 단원의 난이도가 낮은 기본 문제를 풀어본다. 문제를 풀고 난 후 채점을 통해 오답을 확인하고 분석한다. 그 후문법 개념과 예문 그리고 문제 풀이 등한 단원 공부한 내용을 노트에 정리한다.

세 번째는 발표하기 단계이다. 학생이 선생님의 역할을 맡아서 다른 학생들에게 본인이 이해한 만큼 개념을 설명하고 문제 풀이 과정을 발표한다.

네 번째는 피드백과 보충 단계이다. 학생들은 선생님으로부터 피드백을 받고 부족한 내용을 보충 설명 듣는다. 선생님의 코칭과 피드백을 통해 문법 개념을 더 깊이 이해할 수 있다.

거꾸로 수업에서 선생님의 주요한 역할은 학생들이 학습 속도에 맞게 진행하도록 돕고 발표가 끝난 후 피드백을 제공하여 자신의 학습을 점검하고 발전시키도록 하는 것이다. 선생님이 일방적으로 지식을 전달하고 주입하는 것이 아니라 코치의 역할로써 아이들을 이끌어 주기 때문에 수업 분위기가 강압적이지 않다. 선생님이 지식을 전달하는 전통적인 수업 방식에서는 학생들이 암기 과정을 거쳐야만 지식을 습득할 수 있다. 그러나 거꾸로 수업에서는 학생 본인이 학습의 주체가 되어 이해한 내용을 다른 학생들에게 설명하고 발표한다. 알고 있다고 생각하는 지식을 정리하고 말하는 과정에서 학생들은 지식의 이해가 더 깊어지게 되는 것을 경험한다. 이런 참여자 학습 방식은 선생님 중심의 수업보다 훨씬 재미있고 흥미로운 경험을 제공하기 때문에 주입식보다는 빠르고 효과적으로 지식을 습득할 수 있다.

거꾸로 수업의 이론적인 설명만 보면 쉬운 방법이라고 착각할 수 있다. 하지만 학생이 수업을 준비해보면 간단하지만은 않다. 자신이 알고 있다고 생각하는 것을 다른 사람에게 직접 설명하기 위해 예상보다 더 많은 노력을 요구한다. 지식을 받아들이는 과정과 지식을 다른 사람에게 전달하는 과정을 혼자서 수행해야 하기 때문이다. 또한 외향적인 학생들과 그렇지 못한 학생들의 성격 차이도 발표 수준에 큰 영향을 미친다. 이런 이유로 선생님은 학생들의 성격과 특성을 고려하여 수업을 진행하고 적재적소에 질문을 하면서 아이들의 능동적인 참여를 끌어낼 수 있어야 한다.

거꾸로 수업은 학생들이 주체적으로 학습에 참여하며, 지식을 습득하는 과정에서 자기조절학습과 커뮤니케이션 능력을 함께 발전시킬 수 있는 효과적인 방법이다. 코치의 적극적인 지도는 학생들이 더욱 자신감을 가지고 학습에 참여하게 한다.

백지 시험

필자의 문법 학습전략에서 중등 문법을 시작한 학생들이 문법을 배우는 과정에서 거쳐야 하는 시험이 있다. 이 시험을 우리는 '백지 시험'이라고 부른다. 이 시험은 학생들이 문제를 푸는 스킬에만 익숙해지는 것을 방지하고 기본 문법 개념에 대한 이해를 기반으로 문제 해결 능력을 기르는 것을 목표로 한다.

문제의 유형이 약간 변형되는 것만으로도 문제를 푸는 데 어려움을 겪는 경우가 많다. 많은 양의 문제와 다양한 유형의 문제들을 풀면 어떠한 문제도 풀 수 있을 거로 생각하지만 그렇지 않다. 세상엔 생각보다 더 다양하고 창의적인 문제 유형들이 많기 때문이다. 따라서 완벽하게 개념을 이해한 후에 문제를 많이 풀어보는 것이 중요하다. 필자가 주장하는 '백지 시험'은 이러한 과정과 관련이 있다. 학생들은 백지 위에 암기한 문법 개념을 써 보면서 자신이 얼마나 기억하는지, 어떤 부분을 모르고 있는지 확인할 수 있다. 이를 통해 자신의 부족한 부분을 파악하고 그 부분을 좀 더 집중해서 공부하여 내 것으로 만드는 것이 가능하다.

백지 시험의 3가지 단계

1단계는 기본 문제 풀이와 문법 내용 암기단계이다.

수업 시간에 선생님의 문법 설명을 듣고 기본 문제를 푼다. 집에서는 선생님이 미리 준비해놓은 인터넷 강의를 활용하여 문법 개념과 예문을 다시 정리하고 암기한다.

2단계는 시험, 보충, 복습단계이다.

빈 A4용지에 암기한 문법 이론과 예문을 최대한 써 본다. 작성한 시험지 옆에 문법 교재를 펴고 참고하여 파란색 볼펜으로 빠진 문법 개념을 보충한다. 빨간색 볼펜으로는 빠진 예문을 보충한다. 자신이 얼마나 적어냈는지를 확인하고 색 볼펜으로 보충한 부분을 다시 한번 암기한다.

3단계는 반복과 비교단계이다.

같은 내용의 단원을 연속해서 세 번의 시험을 진행한다. 반복 시험을 통해 단기에서 장기기억으로 옮겨가며 학습 내용을 굳게 다지도록 한다. 세 번째 시험이 완료된 후, 학생들은 시험지 세 장을 비교하며 스스로 평가한다.

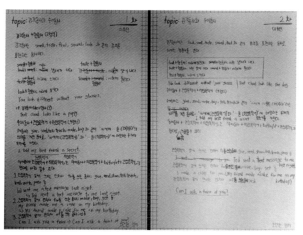

위 사진은 필자의 공부방 학생들이 같은 내용의 문법 개념을 시험 본 1차와 2차 백지시험지 사진이다. 반복된 암기로 색깔 있는 볼펜으로 보충 한 부분이 줄어든 것을 알 수 있다. 아이들이 잘 외우는 부분은 3단계까지 거치치 않고 2단계 과정만으로도 충분하다. 백지 시험은 이렇게 2~3단계 과정을 거치며 진행한다. 진도를 빠르게 나가는 것보다는 깊이 있는 학습과 복습에 집중하여 튼튼한 지식을 쌓는 것이 중요하다.

전통적인 수업 방식에 익숙한 분들에게는 필자가 제안하는 문법 코칭 방식에 대한 의구심이 들 수 있다. '학생들이 혼자서 학습하고 문제를 풀어보는 것이 정말로 효과적일까?' '선생님이 학생들에게 수업 시작부터 끝까지 가르쳐주지 않으면 어떻게 이해할 수 있을까?'라는 고민이 생기기 마련이다. 그러나 메타인지를 기반으로 한 맞춤형 수업 방식은 그룹수업의 단점을 보완해준다. 기존 그룹수업의 문제점은 모든 학생이 같은 속도와 방식으로 학습을 이해하고 진행해야 한다는 점이다.

정리하자면, 코칭을 통한 맞춤형 수업은 학생 각자의 필요와 능력에 맞춰 수업을 진행함으로써 이러한 학습적인 한계를 극복한다. 맞춤형 코칭 수업은 각 학생의 장점과 약점에 초점을 맞추어 각 학생이 필요로 하는 학습을 제공할 수 있다. 그러나 이 방식은 선생님들에게는 더 큰 노력과 준비를 요구한다. 학생들의 개별 요구를 파악하고 이를 수업에 적용하기 위한 세심한 준비가 필요하기 때문이다. 이런 점을 고려하여 코칭 수업의 방식을 잘 조정하면 학생들에게 큰 도움이 될 수 있을 것이다.

AI 시대에 필수
온라인 활용

영어는 다른 과목에 비해 교육 트렌드에 민감하게 반응하는 특징이 있다. 교육 정책의 변화에 따라 영어교육도 다양한 대안이 제시되고 있다. 또한 인공지능(AI) 기술의 발전은 교육 혁신을 가져오고 있다. 이제 인공지능과 함께하는 교육이 어떻게 인공지능을 활용하고 있는지 알아보고, 인공지능 관련 공부법을 소개해 보고자 한다.

인공지능(AI; Artificial Intelligence)은 인간의 지적 능력을 컴퓨터로 구현하는 과학기술이다. 상황을 인지하고 이성적·논리적으로 판단·행동하며, 감성적·창의적인 기능을 수행하는 능력까지 포함한다. 2000년대 들어 컴퓨팅 파워가 성장하고 우수한 알고리즘 등장, 스마트폰 보급과 네트워크 발전으로 데이터가 축적되면서 인공지능은 급속히 진보했다.

〈네이버 지식백과〉

실제로 교육 현장에서 수업할 때 온라인을 활용한다고 하면 난색을 보이는 학부모들이 적지 않다. 대부분 80~90년생인 학부모에게 온라인 학습은 이전에는 경험하지 못한 학습 방식이다. 게다가 스마트 기기 사용의 단점과 문제점을 알리는 매체와 연구자료로 인해 거부감을 가지는 경우가 많다. 온라인 학습의 단점뿐 아니라 스마트 기기 사용 자체가 문제가 된다고 생각하기 때문에 전통 방식으로 수업을 선호하는 경향이 있다.

"컴퓨터나 태블릿으로 학습하는 시간이 길어지면 눈이 나빠질 것 같아요.", "온라인 학습하다가 게임을 하거나 동영상 시청을 해요.", "애 혼자 하는 것보다 선생님이 하나씩 설명해 주면 좋겠어요.", "종이에 쓰면서 공부해야 진짜 공부가 되는 것 아닌가요?"

이 모든 의견이 틀린 것은 아니다. 그렇다고 다 맞는 것도 아니다. 시대는 변하고 있다. 자녀의 스마트폰 사용을 제한하고 부정적으로만 볼 것이 아니라 효과적으로 기기를 사용하고 내 자녀에게 맞는 방식의 사용법을 배울 때이다. 인공지능이 현실 세계에 보급되는 지금, 온라인 학습은 왜 필수적일까? 그 이유에 대해 알아보자.

첫 번째로 유연하고 편리한 학습 환경을 들 수 있다. 온라인 학습은 학습 시간과 장소에 대한 제약을 극복할 수 있는 유연하고 편리한 학습 환경을 제공한다. 학생들은 집이나 이동 중에도 온라인 강의를 듣고 학습 자료에 접근할 수 있다. 이는 개인의 일정과 환경에 맞게 학습할 수 있도록 돕는다.

두 번째로 다양한 학습 방법과 자원이다. 온라인 학습은 다양한 학습 방법과 자원을 제공하여 학습자의 다양한 학습 스타일과 요구에 부합할 수 있다. 동영상 강의, 온라인 토론 및 협업 활동 등을 통해 학생들은 자기주도학습을 할 수 있으며, 다양한 학습 자료 문제를 통해 실전적인 문제 해결 능력을 키울 수 있다.

세 번째로 개인 맞춤 학습이다. AI 기술을 활용한 온라인 학습 플랫폼은 학습자의 수준, 성향, 학습 습관 등을 분석하여 개인화된 학습 경험을 제공할 수 있다. 학습자마다 다른 학습 속도와 수준을 고려하여 최적화된 학습 콘텐츠를 제공하고 피드백과 평가를 통해 개인의 성과를 파악하고 개선할 수 있다.

영어 교육의 트렌드

영어 교육의 트렌드에는 여러 가지가 있겠지만 필자가 중요하게 생각하는 몇 가지를 적어보았다.

1. 원서읽기

과거에는 어휘, 문법, 듣기, 말하기 등의 언어 기술에만 초점을 맞췄지만, 수년 전부터 읽기 능력을 바탕으로 한 원서 읽기가 중요한 요소로 강조되고 있다. 원서 읽기는 영어 실력을 향상하는 데 효과적인 방법이다. 원서를 읽으면서 어휘, 문법, 문장 구조, 문화 등을 배울 수 있다. 또한 원서를 읽으면서 사고력, 이해력, 추리력, 창의력 등을 향상할 수 있다.

2. 자기조절학습

교사 중심의 지시와 강의로 이루어지는 수업과는 다르게 최근에는 학생들의 자기조절학습과 참여가 강조되고 있다. 학생들의 관심과 필요에 맞춘 자기주도학습, 협력적 학습, 창의적인 학습 등을 중요시하는 교육 방향으로 변화하고 있다.

3. 온라인 학습

　디지털 기술의 발전과 인터넷의 보편화로 온라인 학습이 더 활성화되고 있다. 온라인 학습 플랫폼, 모바일 앱, 영상 강의, 온라인 콘텐츠 등을 활용하여 학습자들은 시간과 장소에 구애받지 않고 자유롭게 영어학습을 진행할 수 있다.

　영어 교육은 크게 3가지 트렌드로 나누어 볼 수 있으며 세부적으로 특징을 찾아보면 자기주도학습을 기반으로 한 온라인 학습법이 대세이다.

온라인 학습의 종류

　온라인 학습에는 여러 종류가 있는데, 그 중 미디어를 활용한 학습과 온라인 학습 플랫폼이 주요한 형태이다. 각각의 특징과 장점은 다음과 같다.

1. 미디어를 활용한 학습

　미디어를 활용한 학습은 동영상, 오디오, 그래픽 등 다양한 매체를 활용하여 학생들에게 지식을 전달하는 방식이다. 그 중 인터넷 강의라고도 불리는 동영상 강의는 특히 코로나로 인해 비대면 학습이 증가한 상황에서 중요한 역할을 한다. 동영상 강의는 시각적인 자료를 통해 선생님이 개념 설명, 문제 해설, 예시 등을 보여주므로 학생들이 쉽게 이해할 수 있다. 시간과 장소에 제약받지 않고 학생들이 자신의 편한 시간과 장소에서 학습을 진행할 수 있다. 편리한 접근성과 개별적인 학습 속도에 맞춘 학습 일정 조절이 큰 장점이다.

2. 온라인 학습 플랫폼

온라인 학습 플랫폼은 인터넷을 통해 접속하거나 태블릿이나 스마트폰 같은 기기에서 어플리케이션을 다운로드하여 사용한다. 온라인 플랫폼은 학습 자료, 과제, 퀴즈, 평가 등을 제공하며 학생들에게는 맞춤형 학습 경험을 제공한다. 학생들은 자신의 학습 수준과 선호도에 맞춘 콘텐츠를 선택하거나 선생님이 레벨을 설정한 후 부여해준 과제를 수행할 수 있다. 학생들의 학습 기록과 진행 상황을 관리하고 평가 및 피드백을 제공하는 기능도 포함되어 있어 학습 과정을 체계적으로 관리할 수 있다.

위 두 가지 학습 방법은 상호 보완적이며, 혼합해서 사용할 수도 있다. 또한 동영상 강의를 통해 개념을 이해하고 온라인 학습 플랫폼을 통해 실습과 문제 해결을 진행하는 등의 조합이 가능하다. 이를 통해 학습자들은 더 효과적이고 유연한 학습을 경험할 수 있다.

온라인 학습 플랫폼을 활용한 공부법

필자가 온라인 학습 플랫폼을 쓰기 시작한 것은 2019년 연말부터였다. 그 이전에도 온라인 학습 플랫폼은 단어학습 도구로써 사용되어왔다. 필자가 선택했던 〈CC〉라는 플랫폼은 기존의 온라인 플랫폼과는 다른 특징을 가지고 있다. 보통의 온라인 플랫폼이 업체에서 제공하는 콘텐츠를 활용하여 수업에 이용하는 반면에 〈CC〉는 자신만의 자료를 직접 제작할 수 있으며, 또한 〈CC〉를 사용하는 유저들이 제작해놓은 여러 자료를 공유받아 자유롭게 사용할 수 있다. 단어뿐만 아니라 문장, 듣기, 드릴까지 여러 방면으로 활용이 가능한 〈CC〉는 필자에게 새로운 세계를 열어주었다.

〈CC〉를 만난 후 필자의 공부방 수업 방식에 많은 변화가 생기기 시작했다. 선생님의 수업에 맞는 콘텐츠 생성 후 수업 시간에는 물론 숙제용으로도 사용하면서 아날로그 방식보다 약 1.5배 양의 숙제를 아이들이 소화할 수 있게 되었다.

2020년부터는 미디어를 활용한 온라인 학습 플랫폼도 함께 사용하기 시작했다. 이 플랫폼은 단어와 문장 학습을 넘어서 영상을 활용하여 수업을 진행하는 것이 특징이다. 글자만 보이는 온라인 학습과는 달리 영상으로 수업하면서 어린 학생들의 호기심과 흥미를 자극하여 수업 몰입도를 높이고, 학습 효과도 더욱 향상시킬 수 있었다. 그 다음 2021년 연말에는 미디어 학습과 온라인 학습이 결합 된 플랫폼인 〈원아워(1hour)〉를 접했다. 〈원아워〉는 소비자가 직접 제작하거나 저작권에 자유로운 다양한 영상을 활용할 수 있어 자기조절학습 도구로서뿐만 아니라 그룹 수업에서의 활용도도 높이는 프로그램이다. 영상에 나오는 대화에서 문장과 단어를 추출하여 다양한 방식으로 학습할 수 있고, 아이들이 수업에 참여하는 동안 게임을 하는 듯한 즐거움을 느낄 수 있다. 〈원아워〉를 만난 후 필자의 온라인 플랫폼 활용은 거의 정점을 찍었다.

〈원아워〉를 통해 선생님이 강의하는 내용을 영상으로 제작하고, 이를 학습 과제로 업로드하면 학생들은 자신의 집에서 독립적으로 학습할 수 있는 기회를 갖게 된다. 필요할 때마다 영상을 반복해서 시청하며 궁금한 점을 해결할 수 있다. 또한 내신 시험 대비를 위한 문제은행 기능은 종이 교재와는 달리 무제한으로 문제를 풀어볼 수 있어 장점이 있다. 학생들은 문제를 완벽히 이해할 때까지 반복적으로 풀이를 시도할 수 있다. 현재의 AI 시대에 적합하게 CHAT GPT를 활용하여 간편하게 퀴즈를 생성하고 맞춤화할 수 있는 기능도 제공된다. 이러한 다양한 기능들을 통해 〈원아워〉는 온라인 학습의 효과를 극대화하고 있다.

온라인 학습 플랫폼을 사용하면 선생님들이 각 학생의 학습 속도와 수준에 딱 맞는 과제를 부여할 수 있다. 학생들은 이 과제를 완전히 이해할 때까지 여러 번 학습한다. 또한 학생들이 얼마나 많이 학습했는지, 점수는 몇 점인지, 어떤 문제에서 틀렸는지 등의 정보가 리포트로 정리되어 제공된다. 따라서 학생들이 언제 어디서든 학습할 수 있듯이 선생님도 언제 어디서든 학생들의 학습현황 확인이 가능하다. 하지만 자기조절학습과 맞춤 학습 도구로 온라인을 사용할 때는 학생들을 컴퓨터 앞에서 앉혀놓고 방치되는 것을 방지하기 위해 철저한 검사와 피드백이 필요하다. 철저한 관리와 함께라면 온라인 학습 도구로 재미와 실력 향상 두 마리 토끼를 다 잡을 수 있다고 확신한다.

AI 시대에서는 지식과 정보가 기하급수적으로 증가하고, 그 변화 속도는 매우 빠르며 끊임없이 진화하고 있다. 이런 환경에서는 전통적인 교육 방식만으로는 학생들이 이러한 변화를 따라가기 어렵다. 지식과 기술의 변화가 빠르게 진행되고 있으며, 지속적인 학습과 역량 개발이 필수적이다. 철저한 관리와 활용이 함께 한다면 온라인 학습은 이러한 요구에 부응하며 학생들이 미래에 대비하고 발전할 기회와 경험을 제공할 것이다.

상위 1% 학생들의 핵심전략
시간 관리

수업 등록하기 전 학부모 입학 상담에서 많은 어머님들이 "우리 아이는 공부 방법을 몰라요.", "우리 아이는 조금만 하면 될 것 같은데..." 라고 말씀하신다. 중고등부 시험 기간이 되면 학생들은 "어떤 과목부터 시작해야 해요?"라며 막막해한다. 이 의문들을 해결하기 위한 좋은 방법은 무엇일까? 이에 대한 해결방안으로 시간 관리가 우선되어야 한다고 생각한다. 시간 관리에 대한 설명에 앞서 성적대에 따른 학습전략을 먼저 이야기해 보자.

성적대에 따른 학습전략

성적에 따라 공부 방향을 설정하는 것은 학습에서 중요한 접근 방법이다. 특히 하위권 학생들의 경우, 기본 개념을 익히고 문제 해결 능력을 키우기 위해 일정한 학습 환경을 구축하는 것이 필요하다. 그러나 하위권 학생들은 앉아있는 것조차 어려워하는 경우도 많으므로, 점진적으로 시간을 늘려가며 앉아있는 습관을 기르는 것부터 시작해야 한다. 현장에서 교육하다 보면 앉아있는 것이 너무 힘들어 몸을 자주 비틀거나 화장실을 반복적으로 가는 학생들이 많다. 이런 친구들에겐 원론적인 교육법보다는 게임처럼 학습하거나, 단순히 문제 풀이만을 하기보다는 말로 하는 공부법을 선택해서 적용하는 것이 효과적이다. 시간을 늘리는 훈련을 선택한다면 한 과목을 긴 시간 동안 집중하는 것보다 세 과목을 적절하게 분배해서 시간을 조절하는 것도 도움이 된다.

하위권 학생들은 단기간 내에 변화가 오지 않으므로 선생님 또는 부모님의 일관성 있는 태도가 중요하다. 하위권 학생들은 학습 태도뿐만 아니라 학습 내용도 기초적인 것부터 체계적으로 익히고 문제 풀이에 익숙해지는 과정을 거쳐야 하는데, 이를 위해 영어나 다른 과목의 학습에서도 개념부터 이해하고 암기하는 단계를 충분히 진행해야 한다. 이 학생들은 꾸준한 노력을 통해 기본기를 탄탄히 다져야 할 필요가 있다.

중상위권 학생들은 하위권 학생보다 이미 어느 정도의 공부를 하고 있지만, 상위권으로 성적을 올릴 충분한 준비가 되지 않았을 수도 있다. 따라서 이들은 메타인지를 통해 자신의 약점과 강점을 파악하는 것부터 시작해야 한다. 약점은 극복하고 강점을 더욱 강화하기 위해 과목별로 난이도가 다른 문제들을 다양하게 풀어보며 여러 유형을 경험하고 풀이 방법을 익히는 것이 중요하다. 예를 들어 암기하는 것에 약하다고 생각될 때는 책이나 여러 매체에 소개된 효과 있는 공부법들로 암기해 보면서 자신에게 맞는 공부법을 찾아내야 한다. 문제 풀이법도 익히는 것이 중요하지만 필자가 앞서 강조했던 메타인지를 활용한 학습전략을 활용하면 중위권 학생들은 상위권으로 올라가기에 훨씬 수월해질 것이다.

중위권이 상위권으로 올라갈 수 있는 핵심 요소가 있는데, 그것은 학습 방법이 아닌 시간 관리에 있다. 많은 성공한 사람들의 이야기를 통해 우리는 자기 관리와 시간 관리의 중요성을 알 수 있다. 중상위권 학생들은 자기 관리 능력을 통해 공부 계획을 세우고 시간을 효율적으로 활용하는 방법을 배워야 한다. 학습에 소요하는 시간을 잘 파악하고 중요한 과목이나 약점에 우선순위를 두어야 한다. 우리에게 주어진 시간은 하루 24시간으로 모두 동일하다. 그러나 시간을 어떻게 사용하느냐에 따라 결과는 크게 달라진다. 시간 관리 시작 초기에는 막막할 수 있지만 이를 극복하기 위해 몇 가지 도움이 될 방법을 시도해 볼 수 있다.

　　첫 번째로, 인터넷에서 학습 계획표나 학습 계획 관련 자료를 찾아본다. 다양한 학습 플래너 도구나 계획 세우는 방법을 참고하여 자신에게 맞는 방법을 찾아본다.

　　두 번째로, 아이젠하워의 시간 매트릭스 활용이다. 이는 체계적이면서 효과적인 시간 관리 방법으로 자신의 할 일 목록을 작성하고 중요도와 긴급도에 따라 분류하는 것은 유용한 시간 사용을 가능하게 한다. 시간 매트릭스를 사용하면 시각적으로 작업의 우선순위를 파악할 수 있으며, 중요하고 긴급한 일에 집중할 수 있게 된다.

　　시간 분배를 마쳤다면 다음으로 계획표를 사용하여 계획을 세우고 이를 지키는 것은 중요하다. 때로는 계획표에 계획을 적어내고 그대로 지키기가 어려울 수 있다. 이는 학생들이 자신이 실제로 어떻게 시간을 사용하고 있는지에 대한 인식을 제대로 가지고 있지 않기 때문이다. 그리고 무엇이 우선이고 나중인지를 잘 인지하지 못하기 때문에 지킬 수 없는 계획을 세울 확률이 높다.

　　그래서 필자는 첫 번째 방법보다는 두 번째 방법인 시간 매트릭스 활용하는 것을 권장한다.

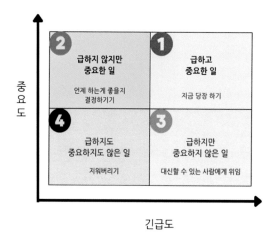

〈아이젠하워의 시간 매트릭스〉

아래는 시간 매트릭스를 활용하여 시간 관리를 시작하는 절차이다.

1. 시간 매트릭스 설명하기

학생들에게 시간 매트릭스의 4개 칸에 들어가는 내용을 설명한다. "긴급하고 중요한", "중요하지만 긴급하지 않은", "긴급하지만 중요하지 않은", "긴급하지 않고 중요하지 않은"의 사분면에 어떤 종류의 일이 위치하는지 이해할 수 있도록 도와준다.

2. 세부적인 할 일 목록 작성하기

학생들에게 가능한 한 자세하게 할 일 목록을 작성하도록 유도한다. 예를 들어, "영어학원 숙제" 대신에 "문법 교재 Unit 03 풀기"나 "온라인 학습 테스트하기"와 같이 세부적인 항목을 작성하도록 한다.

3. 결과 분석하기

　학생들이 작성한 시간 매트릭스를 보면서, 각 항목이 어느 칸에 위치하는지 관찰한다. 이를 통해 학생들은 자신들이 어떤 일들에 시간을 투자하고 있는지, 중요한 일들을 소홀히 하고 있는지 등을 알아볼 수 있다.

　대부분 학생은 시간 매트릭스를 비슷하게 작성한다. 공부, 숙제, 학원 수업과 같은 학습과 관련된 일들이 급하고 중요한 일에 위치하며, 친구와의 만남, 동아리 활동, 종교 활동, 게임을 하기 등의 친목이나 여가 활동은 중요도가 낮은 칸에 위치할 것이다. 시간 매트릭스를 작성해보는 것만으로 학생들의 공부 태도가 바로 변하는 것은 아니다. 그러나 자신들이 얼마나 중요한 일들을 미루고 살고 있는지, 중요한 일들을 소홀히 하고 있는지를 스스로 알게 되는 것은 큰 의미가 있다.

　누구나 시간 관리의 중요성을 알고 있지만 이를 머릿속으로만 알고 있다면 실제로는 시간을 어떻게 사용하는지 파악하기 어렵다. 하지만 시간 매트릭스를 작성하고 목록을 종이에 옮겨 적어봄으로써 이를 시각적으로 확인할 수 있게 된다. 이를 통해 우선순위를 크게 인식하고 개선할 부분을 도출해내는 데 도움이 된다.

평일 시간 사용 체크표 작성하기

　시간 관리에 있어서 학생들이 평일 동안 본인의 시간을 어떻게 사용하는지를 확인하는 것은 굉장히 중요하다. 시간과 공간은 4차원의 영역이지만 자신이 요일별로 사용하는 시간을 시간대별로 표로 만들어 정리함으로써 시간이 1차원으로 바뀌는 효과를 얻을 수 있다. 시간 사용을 눈으로 확인하는 것과 그렇지 않은 것의 차이는 상당히 크다. 실제로 필자가 가르치는 학생들을 대상으로 평일 학교 하교 이후 어느 정도의 시간을 공부에 할애하고 아무것도 하지 않는 시간이 얼마나 되는지 눈으로 확인하게 해 주었더니 많은 학생이 놀라워했다. 공부를 많이 하고 있다고 생각했는데 실제로 작성한 시간표를 확인하니 아무것도 하지 않거나 게임을 하거나 영상을 보며 노는 시간이 상당히 많았다.

시간 관리 체크는 한눈에 보기 쉽게 만들어진 표에 작성하면 좋다. 학생들은 자신의 일정을 작성하고, 각 활동에 소요되는 시간을 체크한다. 아래 예시로 올라온 시간 사용 체크표에 학원 수업, 식사, 숙제, 자유시간, 휴식 시간 등을 요일별, 시간별로 상세히 적어보고 자신의 시간 사용을 확인한다. 시간 사용 체크표는 종이에 그리거나 디지털 도구를 사용하여 시각적으로 확인할 수 있다. 이러한 시간 사용 체크는 학생들이 자신의 시간 사용 패턴과 습관을 파악하고, 개선이 필요한 부분을 인식할 수 있도록 도와준다.

시간 사용 체크를 통해 불필요한 시간 낭비를 줄이고, 공부에 집중하는 데 필요한 시간을 적절히 배분할 수 있게 된다. 또한 학생들이 자기 관리 능력과 책임감을 기르도록 돕는다. 학생들은 시간을 효율적으로 활용하며 목표 달성에 집중한다. 이는 학습 태도를 개선하는 데 도움이 될 것이다.

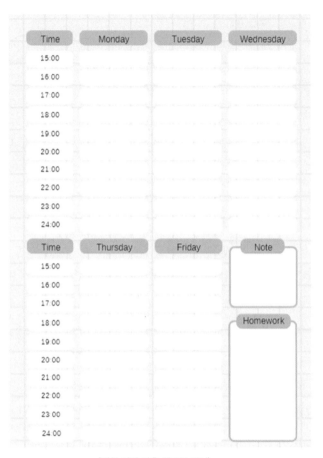

〈평일 시간 사용 체크표 예시〉

상위 1% 학생들의 핵심전략
공부 일기

무언가를 시작하려고 할 때 사람들은 다양한 계획을 세운다. 예를 들어 연말이 되면 "내년부턴 꼭 운동해서 살을 뺄 거야." 또는 "매일 1시간 이상씩 유산소 운동을 하고 식단도 조절할 거야."라는 다이어트 계획을 세우며, 관련된 정보를 조사하고 헬스장 등록까지 고려하며 이상적인 모습을 그린다.

학생들도 마찬가지로 새 학년과 새 학기를 앞두고 매력적인 공부 계획을 세운다. 필자가 학교에 다닐 때 방학이 되면 계획표를 촘촘하게 만들었다. 그러나 계획을 지키지 못하는 경우가 많았다. 왜 우리는 방학 계획표대로 살아가지 못했을까? 왜 이른 아침 운동 계획은 짧은 시간 내에 무너지는 계획이 되었을까?

계획을 세우는 것도 중요하지만 실천은 더욱 어렵다. 정말 강한 의지가 있어야 목표기간동안 계획을 실천할 수 있다. 실천이 없는 계획은 아무런 효과가 없다. 오히려 실패를 맛봐서 좌절할 수도 있다. 필자의 학창 시절 방학 계획표가 그러했듯이 무리한 계획을 세우고 그것을 지켜내지 못할 바에 현실적이고 지킬 수 있는 계획을 세우는 연습이 필요하다.

공부 일기 쓰기

어린 시절부터 계획을 세우고 실천하며 성취감을 경험한 학생이 아닌 경우, 계획을 세우는 단계부터 어려움을 느끼기 쉽다. 이러한 학생들을 대상으로 학원이나 학교에서 플래너 사용을 권장하거나 계획표를 작성하게 한다면 과연 몇 명의 학생들이 실제로 계획을 성공적으로 수행할 수 있을까?

무리한 계획을 세우는 대신에 필자가 가르치는 학생들에게 스스로 소화할 수 있는 공부의 양과 시간을 알게 하는 것부터 시작했다. 이를 위해 공부 일기를 쓰고 공부한 내용을 객관적으로 분석하게 하고 하루 동안 학습한 내용을 피드백까지 할 수 있게 도와주었다.

이런 접근은 플래너를 작성하는 것보다 훨씬 부담감이 덜해서 어렵지 않게 학생 자신이 공부한 내용을 기록하고 관리할 수 있었다. 공부방에 왔을 때 그간 학생이 작성한 공부 일기를 보며 서로 피드백을 주고받음으로써 개선할 점과 잘한 점을 얘기하며 공부 역량을 강화해 나갔다.

필자의 공부방에서 학생들이 사용하는 공부 일기 형식은 공부한 시간 외에도 다양한 정보를 포함하고 있다.

1. 공부한 과목, 내용, 시간을 정확하게 기록한다. 이를 통해 공부한 내용을 시각화하고, 객관적인 공부 시간 데이터를 얻을 수 있다. 어떤 부분에서

시간이 많이 소요되는지, 비슷한 수준의 공부는 보통 얼마나 시간이 걸리는지, 공부한 내용의 핵심은 무엇인지 등을 파악할 수 있다.

2. 하루 동안 공부한 시간을 합산하여 전체시간을 기록한다. 매일 공부한 시간을 체크함으로서 얼마나 많이 공부했는지 눈으로 확인한다. 이를 통해 학생들은 예상보다 오래 공부했다는 것에 대한 성취감을 느낄 수 있다.

3. 오늘 하루 나의 공부에 대해 스스로 성취 점수를 부여한다. 10점 만점으로 학생들이 스스로 자신의 공부 방식을 평가하고 인식할 수 있도록 돕는다. 이를 통해 학생들은 자기 평가와 반성을 하며 자신의 성취도를 파악할 수 있다.

4. 오늘 하루 내가 감사한 마음을 가진 것을 작은 것이라도 적는다. 이는 감사 일기를 작성하는 것과 같은 원리로 긍정적인 사고방식을 유도하고, 시간이 지남에 따라 학생들의 사고방식이 변화하며 자녀의 인생에도 긍정적인 영향을 미칠 수 있다.

5. 평소에 고치고 싶은 습관이나 행동에 대해 스스로 평가한다. 예를 들어, 앉는 자세가 좋지 않거나 편식하는 내용에 대한 점검을 스스로 하게 해서 습관을 바꿔나갈 수 있게 한다.

6. 잘한 점과 아쉬운 점을 솔직하게 적는다. 학생 스스로 오늘의 잘한 점을 적어봄으로써 공부에 대한 자신감을 심어주고 아쉬운 점을 적게 함으로써 반성과 개선을 동시에 할 수 있게 한다.

〈공부 일기 예시〉

　위는 필자의 공부 일기 형식 예시와 가장 최근 한 학생이 스스로 작성한 공부 일기 사진이다. 공부 일기를 작성하며 자신이 어떻게 공부하고 있는지 알아가는 것도 메타인지 능력을 향상하는 좋은 방법이다. 이를 통해 학생들은 자신의 공부 스타일과 패턴을 파악하고 개선할 수 있다. 공부 일기는 성취감과 동기부여를 동시에 얻을 수 있는 성적 상위 1%의 핵심 공부 전략 중하나이다. 많은 학생이 플래너를 사용해 계획을 세우고 이를 지키기 어려워한다면 이 책을 읽은 독자분들은 공부 일기부터 시작해 보기를 권한다.

　학습코칭 챕터에서는 자기조절학습에 필수적인 요소들과 인간만이 가능한 동기부여나 시간 관리의 중요성을 다루었다. 기술이 지속적으로 발전하더라도 인간의 유연성과 지도 없이는 완전한 교육과 학습은 어렵다는 것이 핵심 메시지다. AI 시대에도 우리는 계속해서 배우고 적응하고 자기를 관리해야 한다는 점을 잊지 말아야 한다. 기술은 단지 도구일 뿐, 그 도구를 어떻게 활용하느냐가 결국 우리의 미래를 좌우할 것이다.

Part 5

현직 원장님들의 영어교육
Q & A

Q1. 영어 시작의 적기는 언제일까요?

(안지원 드림빅잉글리시 원장)

"영어 몇 살 때 시작하는 게 좋을까요?"

영어를 가르치는 일을 오래 하다 보니 어린 자녀를 둔 분들에게 가장 많이 듣는 질문이다. 요즘은 영어교육에 관한 관심이 그 어느 때보다 많고, 부모들도 영어교육을 충분히 받고 자란 세대이기에 영어교육에 대한 중요성을 잘 알고 있다. 많은 부모가 영어를 공부해 봤고, 영어로 힘들어 봤고, 영어는 중요하다는 것을 잘 알고 있는 데다가 많은 영어교육 업체는 영어교육을 더 일찍 시작하도록, 그리고 더 많이 하도록 부추기고 있으니 빨리 영어를 시키지 않으면 안 될 것 같은 조급함에 사로잡힌다.

그러다 보니 태교 영어부터 영유아 영어학원, 영어유치원 등 일찍부터 영어교육을 시키는 경우가 많다. 학군지가 아니더라도 영어유치원이나 영유아 전문 영어 센터에 다니는 아이들을 주변에서 쉽게 볼 수 있고, 육아 커뮤니티에 들어가 보면 "아이가 5살인데 영어학원 추천해 주세요", "4세 놀이 영어 원어민 선생님 구합니다" 이런 글도 흔히 볼 수 있다. 요즘은 이렇게 어렸을 때부터 영어를 배워야 한다는 생각이 강하고, 영유아기 때부터 영어 노출을 넘어 스피킹 아웃풋까지 기대하며 적지 않은 시간과 교육비를 영어 조기교육에 지출하는 경우가 많다.

반면, 조기교육에 반대하는 입장을 가진 부모들은 모국어가 완전히 자리 잡은 초등학교 시기에 영어를 시작하는 것이 효과적이라는 신념으로, 정식으로 영어교육을 하지 않다가 초등학교 공교육 영어가 시작되는 3학년쯤 영어학원을 처음 보낸다.

전 세계의 언어학자나 뇌과학자들이 만 9세~11세가 외국어를 시작하기에 적절하다고 수많은 연구로 밝혀냈다. 교육부에서는 이러한 이론들과 연구를 바탕으로 영어교육 과정을 편성했고, 공교육 영어는 초등학교 3학년부터 중고등학교까지 긴밀하게 연계되어 있다. 초등학교 3학년이면 학습 인지력이 어느 정도 성장하여 학습 속도와 이해력이 높아져서 저학년 시기보다 학습 효율이 훨씬 높다. 그렇기에 영어를 빨리 시작하지 않았더라도 학습 환경을 잘 갖추어 주면 추진력을 발휘할 수 있는 시기이다. 그렇다면 공교육 영어 시작 시점인 초등학교 3학년 때 영어를 시작하는 게 좋은 걸까?

3학년 때 영어를 처음 시작하는 친구들은 대부분 '엄마 손에 끌려' 영어학원에 오는 것이 아니라, '엄마 손을 끌고' 영어학원에 온다. 학교에서 처음으로 영어를 배워보니 영어가 너무 어려운 것이다. 첫 수업에서 알파벳 이름과 대문자 소문자, 알파벳이 가지고 있는 소리를 배우긴 했지만 그걸 다 기억하기도 전에 기초 부분은 빛의 속도로 넘어가 버리고 대화체 회화표현을 듣고 말하기, 역할극, 서술형 쓰기까지 해내야 한다니 눈앞이 캄캄하다. 게다가 요즘 초등학교 영어 수업은 대부분 영어 전담 선생님이 수업 중에 영어만 사용하거나 아예 원어민 선생님이 수업한다.

이 낯선 영어환경에 적응하느라 정신이 없는데 옆에 앉은 친구는 선생님이랑 영어로 대화도 하고 선생님께 영어로 편지까지 쓴다. 결국 수업 시간 내내 대답 한 번 제대로 하지 못하고 옆에 친구가 하는 것을 보고 눈치껏 수업을 따라간다. 영어 시간마다 이런 경험을 하면 영어는 점점 자신 없고 어렵게 느껴진다. 이렇게 처음 영어를 시작하는 아이들은 '나는 영어 못해.'라는 생각으로 영어학원을 찾는 경우가 상당히 많다.

반면에 영어를 너무 일찍 시작하면 영어거부감을 유발할 수도 있고, 모국어가 충분히 발달해야 하는 시기에 영어에 집중하게 되면 모국어 발달이 저하될 수도 있다. 그렇다면 취학 전 영유아기에는 어떤 점이 중요할까? 영유아기에는 한글책을 많이 읽어서 사고력을 기르는 것이 우선이고, 한글을 잘 읽고 쓸 수 있어야 소리를 글자로, 글자를 소리로 이해할 수 있게 된다. 영유아기에 한국어는 학습(learning)으로, 영어는 자연스러운 습득(acquisition)으로 접하길 추천한다. 즐겁게 따라 부를 수 있는 영어 노래부터 영어 그림책, 영어 동화, 영어 동영상 등의 노출이나 놀이식 영어로 하는 체험활동으로 즐거운 영어 경험을 쌓는 것으로 충분하다.

본격적으로 학습식 영어를 시작하는 시기로는 초등학교 1학년 적응 기간을 지난 이후를 추천한다. 보편적으로 학습식 영어는 알파벳 대소문자 이름 알기, 알파벳의 소리 알기부터 시작하는데, 알파벳 대소문자를 A부터 Z까지 알고 있는 것과 모르고 있는 것은 영어를 시작할 때 꽤 큰 차이이다. 영어학습을 본격적으로 시작하기 전에 유아기 때부터는 알파벳송을 자주 노출해 주어 알파벳송 정도는 정확히 부를 수 있을 수 있도록 준비하면 영어를 시작할 때 많은 도움이 된다.

영어만큼 정답 없는 과목도 없다. 아이의 성향에 따라, 타고나는 언어적 감각에 따라, 가정이나 교육 기관의 환경에 따라 차이가 클 수밖에 없지만, 취학 전까지는 학습식이 아닌 습득식으로 영어를 즐겁게 경험하고 체험할 수 있는 시간을 많이 만들어 주고, 학습적으로 시작할 적기는 8세 전후가 좋다. 모국어가 빨리 자리잡히고 영어에 관심이 많은 아이는 8세 전에 시작해도 좋고, 한글 읽기 쓰기가 부족할 경우에는 모국어 학습이 충실히 준비가 된 이후에 시작하는 것을 추천한다.

영어는 자신감과 능동적인 태도가 8할인 과목이기에 공교육 영어 과목 시작보다 영어가 늦는다면 학습 자존감이 떨어질 수 있으니, 자신 있고 즐겁게 영어를 즐길 수 있도록 아이의 성향과 환경을 긴밀하게 살펴보고, 영어학습의 시작을 잘 실행하길 바란다.

Q2. 영어유치원 꼭 보내야 할까요?

(안지원 드림빅잉글리시 원장)

대한민국에서 아이를 키우는 부모라면 한 번쯤은 고민하는 내용이다. 아이가 4세쯤 되면 어린이집을 보낼지 유치원을 보낼지 선택에 놓이고, 유치원을 보내고자 한다면 일반 유치원이냐 영어유치원이냐를 또 고민하게 된다.

사실 '영어유치원'이라는 말은 없다. 잘못된 표현이다. 우리가 흔히 영어유치원이라고 부르는 곳은 정식 유치원이 아닌 '유아 대상 영어학원'이다. 교육부에서 유아교육법에 따라 정식으로 설립된 교육기관이 아니기 때문에 영어유치원의 교사들 또한 유아교육을 전공한 유치원 정교사나, 보육교사 자격증이 필수가 아니다. 그렇다 보니 유아교육에 대한 전문적인 교사이기보다는 영어 능력 위주로 교사진이 구성된 경우가 더 많다. 원어민 교사도 유아교육이나 교육학을 전공한 경우는 거의 드물다.

영어유치원에서는 우리나라 공교육 과정에서 다루어야 하는 필수 과정을 제대로 배우기가 어렵다. 영어학습에 중심을 두고 있는 영어유치원에서는 초등과정과 연계되는 과정이 부족한 것이 사실이기 때문이다. 그러나 영어 소통을 중요하게 생각한다면 언어를 폭발적으로 배우는 시기에 영어유치원에서의 영어학습 노출시간은 다른 영어학습 방법과 비교가 안 될 정도로 압도적이고, 원어민과 소통하며 영어 정서를 쌓아, 원어민만의 미묘한 뉘앙스와 생생한 발음을 체득할 수 있다.

영어유치원에서는 일반적으로 오전 9시부터 오후 2시까지는 정규 과정으로 영어로 교실 생활을 한다. 원어민 담임교사와 한국인 부담임교사가 한 반을 맡아 아이들을 지도하는데 영어로 하는 수업은 원어민 담임교사 중심이고, 수업 준비나 아이들 케어, 학부모 상담, 교실 환경 구성, 각종 행사 준비 등은 한국인 교사의 몫이다. 이렇게 보면 한국인 교사가 담임이고 원어민 교사가 '강의만 하는' 부담임처럼 보이지만 영어유치원에서의 포지션은 원어민 교사가 스포트라이트를 받는다.

정식 유치원에서는 교육부의 지침대로 정규 유아교육 과정을 이수한 전공자가 유아를 지도한다. 예전에는 일반 유치원에서는 하기 어려운 특별 행사나 현장학습 같은 교외 활동이, 사립으로 운영되는 영어유치원에서 훨씬 더 잘 운영되었지만, 요즘은 유치원도 경쟁력을 갖추려 노력하다 보니 교육활동과 특별활동 모든 면에서 견주어 볼 만 하다. 유치원뿐만 아니라 어린이집에서도 각종 다양한 수업으로 교육의 질을 높이고 있으며, 특히 영어교육에도 과감히 투자해서 원어민 수업이 있는 유치원이나 어린이집도 있고 영어 전담 교사가 상주하는 곳도 있다. 일반 유치원들도 영어유치원 못지않게 영어학습에 대한 경쟁력을 갖추고 있다.

영어유치원과 일반유치원의 가장 큰 차이는 비용면에 있다. 영어유치원은 교육부의 지원을 받지 않는 학원으로 분류되기 때문에, 교육비나 활동비 등이 모두 교육비에서 운영된다. 일반적으로 영어유치원은 오전 9시부터 2시까지 정규반 수업료에, 방과 후 수업은 과목마다 추가 비용이 있다. 급식비와 간식비, 견학비와 차량비까지 지불하면 일반 유치원에 비해서 서너 배 이상 된다. 요즘은 유치원들도 사립유치원을 중심으로 다양한 특별활동이나 최신 프로그램 사용으로 예전보다 교육비가 많이 올라갔지만, 그래도 영어유치원의 교육비가 훨씬 더 많이 든다. 보통 가정에서 아이 유치원 비용으로 매달 그 정도의 액수 지불은 큰 지출이다. 영어유치원에 그렇게 큰 비용을 지출하고 과연 그만큼의 효과를 볼 수 있는 것인가는 생각해 볼 문제이다.

영어유치원에서 몇 년을 공부하고 졸업한 아이가, 초등학교를 일반 학교로 진학하고 한국어만 쓰는 환경으로 전환되면 아이들의 영어 정서는 생각보다 금방 흐려진다. 어떤 아이들은 심지어 자기가 과거에 영어로 유창하게 말하던 영상을 보고, "내가 지금 뭐라고 하는 거야?"라면서 자기가 영어를 그렇게 잘했었는지도 잊어버리게 되는 경우도 심심치 않게 볼 수 있다. 영어유치원을 그만큼의 비용과 시간과 노력을 감내하며 보냈더라면, 그것이 아깝지 않도록 영어의 맥을 놓지 않도록 해야 하고, 초등학교 입학 이후에도 영어에 몰입하는 시간은 계속 이어가는 것이 좋겠다.

예전에는 영어유치원이나 어학원을 제외하면 원어민을 접할 기회가 많지 않았지만, 요즘에는 꼭 그런 기관이 아니더라도 화상영어나 온라인 플랫폼을 이용한 스피킹 전문 프로그램들이 다양하게 있다. 지역 커뮤니티를 통해서 1:1 원어민 튜터도 어렵지 않게 구하기도 한다.

영어유치원을 보내지 않더라도 요즘은 일반 어학원에서도 유치부 대상 방과 후 클래스도 많고, 영유아를 전문으로 하는 영어학원이나 영어 놀이센터도 다양하게 있다. 영어유치원을 보내고자 하는 이유는 아이에게 영어 노출 상황을 충분히 만들어 주기 위함이 첫 번째인데, 요즘은 영어유치원이 아니더라도 아이가 영어를 접할 기회는 다양하고, 아이의 성향과 상황에 맞는 프로그램을 적절하게 선택할 수도 있다. 예전에는 영어유치원만큼 영어 노출이 막강하게 되는 곳이 없었지만, 요즘은 영어유치원이 유일한 방법이 아니기 때문에 상황에 맞게 다양한 고민을 해 볼 필요가 있겠다.

Q3. 엄마표영어의 득과 실이 궁금해요

(박소윤 뉴욕보니잉글리시 원장)

영어교육 도서 베스트셀러 목록을 보면 가장 높은 비율을 차지하는 서적이 바로 엄마표영어 서적이다. '인스타그램'이나 '블로그'에서도 엄마표영어를 다루는 인플루언서들의 글이 자주 보이는 만큼 엄마표영어에 대한 관심도가 증폭되고 있음을 알 수 있다.

실제 교육 현장에서 '엄마표영어 졸업생'들을 자주 접한다. '엄마표영어 졸업생'은 여러 유형이 있는데, 엄마가 가르치는 이상의 수준을 넘어서 명예 졸업하는 아이, 학습 도중 엄마와 아이의 사이에 불화가 빚어져 졸업하거나 혹은 효과가 미비하여 학원으로 영어 공부환경을 바꾸는 아이 등이 있다. 필자가 간접적으로 경험해 온 엄마표영어의 득과 실을 간단하게 이야기하고자 한다.

엄마표학습 환경의 득과 실

제1 양육자와 자녀가 함께 책을 읽으며 영어학습하는 것은 가장 좋은 방법이라고 생각한다. 학원은 매일 갈 수 없지만, 엄마표영어는 학습 시간에 제약 없이 꾸준한 노출도 보장한다. 가장 편한 장소에서 자연스러운 영어 노출이 가능한 것이다. 그러나 이 상황은 부모와 자녀의 관계가 틀어지는 순간 단점으로 변신한다.

학교나 학원의 선생님은 상냥하고 재미있게 영어학습을 이끌어 준다. 반면에 매일 얼굴을 맞대야 하는 상황에서 자녀에게 늘 친절한 부모가 되기란 쉽지 않은 일이다. 가정에서 양육자가 선생과 부모의 역할을 함께 한다는 것 또한 쉽지 않다. 게다가 사적인 일로 자녀에게 잔소리를 해야 하는 상황이라도 온다면 굉장히 어색한 학습 환경이 조성된다. 학습 시간에 불화가 일어나고 수업 후 아무 일도 없듯이 다시 온화한 부모로 돌아오는 것 또한 힘든 일일 것이다.

부모와 아이가 함께 학습 계획을 상의하며 아이에게 학습 선택권을 주는 과정은 자기주도학습의 역량을 길러준다. 고등학교에서 입시의 성공은 결국 자기 스스로 얼마나 공부를 계획하고 실행하느냐에 있다. 아이 스스로 공부하는 힘을 길러주는 엄마표영어는 향후 고등까지 이끌 수 있는 학습관을 적립한다는 장점이 있다.

하지만 학습 계획 과정에서 부모가 자녀를 객관적으로 판단하지 못하는 실수가 있을 수 있다. 예를 들어 자녀의 학습 역량보다 엄마 아빠의 기대가 과하거나 아이의 실력을 과대평가하여 교재나 학습 목표를 설정했을 때, 부담스러운 학습으로 아이를 압박할 수 있다. 개인에게 맞는 학습 목표 설정의 중요성은 누구나 다 알고 있지만, 자녀를 객관적으로 판단하지 못해 아이가 아닌 부모 맞춤 학습을 할 가능성이 있다. 아이가 본인의 스타일과 수준에 맞지 않는 학습을 하다 보면 '부모에게 보여주기 위한 학습'만 하다 엄마표영어를 졸업하게 될 수 있다.

위와 같이 엄마표영어의 득과 실을 이야기했다. 미취학과 초등 저학년 생에게는 부모의 역할이 크다고 생각한다. 부모가 영어학습 카페나 블로그를 참고하거나 여러 책을 통해 정보를 얻고 철저하게 계획을 세우면서 느긋한 마음으로 엄마표영어를 실천해 간다면 좋은 결과를 가져올 것이다.

Q4. 아이가 영어에 거부감이 있다면 어떻게 해야 하나요?

(안지원 드림빅잉글리시 원장)

영어 공부를 처음 시작했을 때를 기억해 보자. 호기심이 생기고 궁금한데 어딘가 낯설고 막막했던 경험이 있을 것이다. 나도 어릴 때부터 영어를 꽤 좋아하고 잘했지만 맨 처음 시작부터 영어가 무작정 좋았던 것은 아니었다. 요즘은 예전과는 다르게 영어를 즐겁게 접할 수 있는 미디어 영상도 많고, 영어 노래나 교구들도 취향별로 다양하다. 그렇지만 아이마다 새로운 것에 대하여 받아들이는 성향은 모두 다르기에 스트레스를 받는 아이들도 있다. 영어교육 현장에 있다 보면 영어거부감이 매우 심해서 극단적으로 영어를 싫어하고 다양한 시도에도 반감만 더 쌓여가는 경우도 종종 본다.

영어를 좋아하는 것까지는 바라지도 않고, 그저 제발 조금씩이라도 배울 수 있도록 해달라고 간절히 부탁하며 아이를 영어학원에 데려오는 경우도 자주 있는 일이다. "영어 너무 싫어요." "영어가 세상에서 아주 없어졌으면 좋겠어요." "영어만 없으면 행복할 것 같아요." 이렇게 버티고 앉아있는 아이들을 보며 무엇이 이렇게 영어거부감에 들게 한 건지, 이 아이에게는 어떻게 영어를 접근시켜 주어야 할지, 많은 고민이 든다.

아이가 영어거부감을 가지는 경우는 크게 세 가지로 볼 수 있다. 첫 번째는 어렸을 때 아직 영어를 받아들일 준비가 되지 않았는데 부모의 의지로 영어를 시작하게 된 경우이다. 두 번째는 놀이식 영어와 즐거운 활동 위주로 영어를 경험하다가 학습력이 요구되는 고학년이 되면서 이전의 영어학습과 간격을 좁히지 못해 영어에 거부감을 가지게 되는 경우이다. 세 번째는 아이가 가진 성향과 역량에 비해 과도하게 영어학습력을 요구하는 환경에서 아이가 좌절감을 느끼고 포기하게 되는 경우이다.

영어거부감 해소에 관해 이야기하기 전에 우선 영어는 단순한 학문이 아니라는 것부터 이해해야 한다. 영어만큼 개인적인 성향과 취향을 골고루 다 반영하는 과목이 또 있을까. 영어거부감이 있는 아이들에게는 다양한 상황 속에서 개인별 특성을 면밀히 관찰하면서 영어거부감에서 벗어나도록 도와주어야 한다. 영어가 얼마나 재미있고 즐거운지 지금까지 아이가 알지 못한 영어의 다채로운 세상을 알려주자. 그리고 영어로 인해 느꼈던 좌절감을 씻어낼 수 있도록 취향과 성향에 따라서 영어에 대한 호기심을 조금씩 이끌어 주면, 아이는 영어에 대한 긍정적인 감정을 갖게 될 것이다.

앞서 영어거부감의 세 가지의 경우를 들었지만 어떻게 보면 다 같은 맥락일 수 있다. 영어환경에 너무 몰아세운 것. 아이의 성향과 상황을 충분히 고려하지 않은 것, 아이가 영어로 긍정적인 경험을 쌓아갈 기회를 충분히 주지 않은 것이 문제이다. 영어거부감을 가지는 근본적인 원인은 사실 '영어'가 아닌 경우가 대부분이다. 부모와 아이와의 관계갈등 해소가 제일 먼저 필요하고, 그 후에 아이의 자존감을 회복하고 성취욕구를 키워가며 영어

학습 동기를 높여야 한다. 이러한 내적인 문제가 해결되어야 영어학습이 탄탄히 이루어진다.

세계적인 언어학자 이자 교육학 교수인 스티븐 크라센(Stephen D. Krashen)은 그가 정립한 외국어 습득이론에서 '정의적 여과 가설'을 제시했는데, '언어학습자의 정의적 상태에 따라 언어를 받아들이는 여과(filter) 상태가 변하고, 이는 학습자가 언어를 받아들이는 정도에 영향을 준다'라고 했다. 여기에서 말하는 '정의'는 학습자가 가진 감정과 흥미, 자신감을 말한다.

다시 말해 '언어학습자의 감정과 흥미, 자신감을 높이고 불안감을 낮춰야 언어가 잘 습득된다.'라는 것이다. 영어거부감을 가지고 있는 아이에게는 흥미와 관심사를 찾아서 다양한 영어환경에 접근할 수 있도록 도와주어야 하고 이런 환경에서 영어의 불안감을 낮추며 지속적인 긍정적인 경험을 쌓을 수 있도록 다독여 주어야 한다.

영어거부감에 힘든 시간을 보내고 있는 아이와 부모는 영어로 달리기를 시작하기도 전에 준비운동에서 많은 시간과 에너지를 소비하게 된다. 먼저 영어를 즐겁게 시작한 아이들이 저 멀리까지 달려가고 있는 것 같아 비교되는 마음에 조급한 마음이 들 수도 있지만, 영어는 단기간에 배우고 끝낼 과목이 아니기에 교육 참여자인 부모와 교사 모두 끝까지 중심을 잘 잡아야 한다. 옆집 아이와 비교하지 말고 우리 아이의 성장과 방향에 집중하도록 하자.

아이의 불안감을 낮추고 영어는 즐겁다는 생각이 들도록, 어렵지만 해낼 수 있다는 믿음을 갖도록 도와야 한다. 아이의 성향과 관심사에 따라 흥미 있는 분야를 영어로 접하고 조금씩 새로운 분야를 확장해 가며, 영어에 대한 긍정적이고 자신감을 가지는 경험을 하나씩 쌓아야 한다. 그렇게 영어 자존감이 조금씩 쌓인 아이는 곧 영어에 마음을 열고 지속적이고 자기 주도적으로 영어를 즐길 것이다. 그러면 영어거부감이 아닌 영어 자신감으로 충만해질 것이다.

Q5. 미디어 영어학습 효과 있을까요?

(안지원 드림빅잉글리시 원장)

"탭 수업 없는 영어학원 추천해 주세요."

온라인 육아 커뮤니티에 빈번히 올라오는 제목이다. 특히 초등학생 자녀의 영어학원을 알아보며 미디어 학습을 하는 학원은 아예 거른다는 글도 간혹 보게 된다. 학원을 고민할 때도 그렇지만 가정에서 엄마표영어를 할 때도 태블릿이나 유튜브 등을 이용한 학습을 우려하는 경우가 많다. 미디어 노출로 인한 부정적인 영향을 걱정하기에 되도록 미디어를 이용하는 학습은 피하려고 한다.

우리나라는 스마트폰 보급률이 95%로 세계 1위이다. 통신인프라, 전자정부 등 4차 산업혁명에서도 선진 국가이지만 미디어 학습에 대해서는 아직도 배척하는 분위기를 부정할 수 없다. 부모 입장에서 미디어 노출은 항상 견제의 대상이지만 그렇다고 무작정 막는 것이 최선일까?

요즘 아이들은 태어나자마자 스마트폰을 접하는 세대이다. 어렸을 때부터 아이들은 의도하든 의도치 않든 유튜브를 보게 된다. 이렇게 디지털 네이티브인 아이들에게 가장 효율적인 영어 공부법은 무엇일까? 아직 강의식 수업 중심으로 영어책과 노트 쓰기를 하며 학습하는 방법을 고수하는 부모도 많다. 이 방법으로도 영어학습을 잘할 수도 있지만 그 어느 때보다 빠르게 변하는 이 시대에 과연 영어책만으로 효율적인 영어학습이 가능할까?

불과 몇 년 전만 해도 영어 음원이나 영상을 구하는 것은 쉽지 않았고, 영어 방송을 보기에도 어려워서, DVD를 구입하거나 유료 프로그램으로 일정 콘텐츠를 구매했었지만, 요즘은 다운로드조차 할 필요도 없이 언제 어디서든 온라인상에서 쉽게 영어 콘텐츠를 접할 수 있다. 원하는 취향대로 영어영상물이나 동요, 동화를 쉽게 찾아 들을 수 있고, 온라인 영어도서관도 다양하게 많고 저렴해서 아이에게 잘 맞는 학습을 충분히 살펴보고 선택해서 이용할 수 있다.

예전에는 영어책을 읽으려면 전문 영어서점에서 몇십 권에서 몇백 권씩 책을 구매해서 읽었는데 이제는 원서 프로그램이 다양하게 있어서 수십 배 절약된 금액으로 영어 독서를 충분히 즐길 수 있다. 그뿐만 아니라 실시간으로 영어 음원을 찾아서 리스닝 교재의 문제 풀이, 리딩책 지문 읽기도 빠르게 해결할 수 있고, 문법이나 문제 풀이 영역에서 어려운 점이 있다면 선생님에게 다시 설명을 들을 때까지 기다릴 필요 없이 온라인 강의로 쉽게 찾아보고 해결할 수 있다. 요즘은 원어민 선생님이 없어도 디지털 프로그램을 활용한 AI 원어민 프로그램으로 효율적인 영어학습이 가능하고, 현실감 있는 외국어 환경을 만들어 줄 수 있다.

이렇게 미디어 콘텐츠를 잘 선별해서 지도한다면 오히려 장점이 많다. 무작정 디지털 미디어를 금기시하기보다는 적절히 잘 이용하는 것이 현명하다. 어차피 접하게 될 미디어라면 똑똑하게 활용하면 된다. 미디어 중독이나 부정적인 영향에 대한 과도한 우려와 잘못된 편견 때문에 그동안 많은 부모가 오로지 종이책 위주로 공부하는 학습에 의존해 왔다. Chat GPT, AI 시대는 이미 현실이다. 더 이상 미디어를 외면할 수는 없다. 시야를 조금만 더 넓히면 지금 당장 진짜 영어환경을 경험할 세상이 쉽게 펼쳐진다. 나이에 맞는 애니메이션, 영어권 국가의 생생한 유튜브 채널, 논픽션 다큐, 디즈니 영화 명장면, 팝송으로 배우는 영어 등 아이의 취향과 관심사를 고려해 양질의 영어 영상 콘텐츠를 엄선해서 똑똑하게 활용할 수 있다.

아날로그 방식으로 종이책으로만 학습하기에는 효율이 떨어지는 시대이다. 책으로만 학습하는 방법은 이미 고전 방식이 되었다. 미디어 콘텐츠는 어쩌면 이 시대의 가장 훌륭한 학습 도구라고 할 수 있다. 콘텐츠 영어는 가르치는 사람이 아닌 학습자 중심의 학습으로 최적의 효율을 가져다줄 수 있다. 미디어 학습에서 가져올 수 있는 장점은 최대로 끌어내고 우려되는 점은 잘 조절한다면 이 시대의 아이들은 최고의 효율로 영어학습을 하게 된다.

21세기 미래 인재 필수 역량 또한 AI와 Chat GPT를 잘 다루는 사람이다. 개인의 능력이 전부가 아닌 무한한 콘텐츠를 잘 활용하며 나의 역량을 최고로 끌어올릴 수 있는 시대이기에 미디어 콘텐츠를 현명하게 잘 다루고 슬기롭게 활용할 수 있어야 한다. 미디어 학습을 하나의 도구로 적절히 잘 사용하며 4차 산업혁명 시대의 급변하는 세상에서 훌륭한 인재로 잘 성장할 수 있도록 따뜻한 휴먼터치로 지도하는 것 또한 교육자와 부모의 역할일 것이다.

Q6. 많이 들으면 정말로 말을 잘할 수 있을까요?

(박소윤 뉴욕보니잉글리시 원장)

많이 듣고 따라 하는 수업 방식인 소리 영어는 계속 인기를 얻고 있다. 필자는 교육 현장에서 소리 영어 수업을 직접 진행하며 듣기의 중요성을 체감한다. 듣기는 영어학습의 시작이자 읽기, 쓰기, 말하기 영역보다 더 중요한 부분이다. 또한, 청해력이 언어 학습에서 가장 빠르고 쉽게 향상되는 영역이기도 하다.

언어에는 주파수가 존재한다. 다음 표에서 볼 수 있듯이 한글의 주파수보다 영어의 주파수가 현저히 높다. 한국어를 모국어로 쓰는 우리에게 영어 듣기가 힘든 이유 중 하나라고 볼 수 있다. 이에 대한 해결을 위해 우리의 뇌가 영어 주파수에 적응하고 이해할 수 있도록 꾸준한 듣기 노출이 필요하다.

125　250　500　1000　1500　2000　3000　4000　6000　12000

독일어
영국식 영어
스페인어
프랑스어
이탈리아어
미국식 영어
일본어
한국어

〈언어의 주파수《10년째 영알못은 어떻게 100일 만에 영어천재가 되었을까, 미다스북스》〉

　흔히 '귀가 뜨인다.'라고 하는 듣기 습득은, 뇌 속에 영어 구조의 기본 틀이 생기면서 들리는 것으로 시작된다. 영어문장을 하나하나 반복해서 따라 읽다 보면 강세와 리듬이 자동으로 체화되어 말하기도 자연스럽게 할 수 있다. 우리 뇌는 많이 들을수록 듣기 능력이 더 발달한다. 따라서 최대한의 듣기 노출은 어휘력, 문법, 발음, 회화 능력 등을 동시에 높일 수 있다.

　듣기 학습이 자리를 잡아가면 말하기 학습이 훨씬 수월해진다. 말하기 훈련에서 들은 강세와 리듬을 반복적으로 학습하여 입에 붙도록 연습해야 한다. 한 문장씩 정확하게 들으면서 따라 읽어야 한다. 또한, 강세나 리듬, 연음 규칙을 아는 것이 말하기에 도움이 되는데 이런 규칙 터득은 듣기를 통해서이다. 이를 학습하면 생략된 소리나 연결된 소리를 예측하며 말하기의 향상으로 이어질 수 있다. 영어의 기본적인 말하기 방법은 패턴을 익히는 것이다. 많은 양의 듣기를 통해 영어의 리듬과 강세 등의 영어적 소리 규칙과 패턴을 먼저 익히면, 그만큼의 문장이나 어휘를 발화할 수 있다.

　언어는 소통의 수단이다. 상대방의 언어를 이해할 수 있어야 대화를 이어갈 수 있다. 따라서 듣기 실력이 말하기 학습의 전제조건이다. 혹, 영어 대화 중 모르는 단어나 뜻이 있더라도 정확한 소리로 해당 어휘를 발화할 수 있으면, 상대에게 소리로 뜻을 물을 수 있어 대화 과정에서도 새로운 단어나 표현들을 습득할 수 있다.

영어 습득에서 듣기의 중요성을 다뤄보았다. 하지만 영어를 잘하기 위해서는 단순히 들으며 패턴을 익히는 것에서 끝나는 것이 아니다. 말하기, 읽기, 쓰기 영역을 지속해서 병행하여 문장을 내 것으로 만드는 연습을 해야 한다.

Q7. 좋은 학원을 선택하는 기준이 있을까요?

(이지은 아나이스영어 원장)

첫째, 학생을 공부하게 하는 학원을 선택해라. 학원을 선택할 때, 대형 브랜드학원, 유명 강사가 있는 학원, 규모가 크고 평판이 좋은 학원 등을 좋은 학원이라 생각해 선택하기도 하고, 커리큘럼과 거리, 반 인원수, 다니는 학생들의 수준 등을 고려해 좋은 학원이라고 선택하기도 한다. 언급한 모든 것들이 좋은 학원을 선택하는 기준이 될 수 있으나, 무엇보다 중요한 것은 학생을 공부하도록 하는 학원인가이다. 학원 수업 시간에 강의를 잘 듣는 것을 넘어 과제든 예습, 복습이든 학생이 수업 외적인 시간에도 혼자서 꾸준히 학습할 수 있도록 끌어주는 학원이 좋다. 상담할 때, 수업 커리큘럼 외에 과제 분량, 과제 체크, 동기부여 등 학생 관리를 어떻게 하는지를 살펴봐야 한다.

둘째, 장기적인 학습 로드맵을 제시하는 학원을 선택해라. 대부분 학생들이 학원에 다니는 이유가 시험 성적을 올리기 위해서이기에 학원에서도 내신 대비에 총력을 기울인다. 그러나 학교 시험에 집중해 단기적으로 성적을 올리기 위해 지나친 암기 위주의 수업을 하는 곳은 피하는 것이 좋다. 자칫하면 영어 과목 자체에 대한 흥미가 떨어지기도 할뿐더러, 학교 내신 범위에만 맞춰 공부함으로 군데군데 틈이 생길 수도 있다. 장기적으로 영어 실력을 향상하기 위해 학년별, 학기별로 어떤 커리큘럼으로 진행하는지 확인하도록 하자.

셋째, 학생의 성적 추이를 관리해 주고, 개별 질문 및 상담을 해주는 학원을 선택해라. 학원 수업은 일대일이 아닌 다수를 대상으로 한다. 일대일 수업이 아닌 만큼 개개인의 현재 영어 실력과 성향에 맞춰 학습이 진행되기가 어렵다. 그러므로 수업 시간이 아닐 때 학생이 개별적으로 강사에게 질문을 자유롭게 할 수 있는지, 학습 상태를 주기적으로 점검하는지, 그에 따른 개별 상담을 진행하는지를 확인해야 한다. 학생의 성적 추이를 놓치지 않고, 테스트 등을 통한 점검으로 주기적으로 피드백을 제시해 주는 학원이어야 성과를 거둘 수 있다.

넷째, 접근성이 좋은 학원을 선택해라. 주변에서 아무리 좋다 하는 학원이어도 집에서 너무 거리가 먼 학원은 가급적 선택하지 않는 것이 좋다. 학원을 오가는 데 시간이 많이 소요되고, 교통편이 불편한 곳은 오래 다니기도 쉽지 않을뿐더러, 시간 관리가 중요한 학생들에게 비효율적이다. 집이나 학교에서 가까운 곳으로 시간, 공간적 효율성이 높은 곳을 선택하자.

좋은 학원을 선택했다면, 그다음으로는 학생이 학원에 잘 적응하고 열심히 노력하는 것이 중요하다. 아무리 좋은 학원도 학생의 노력이 뒷받침되지 않는다면 좋은 성적을 보장해 주지 못한다. 먼저 강의에 집중해야 하며, 과제와 복습을 성실히 해야 한다. 공부하다 모르는 것이 있다면 질문하고,

학습 방법이나 노하우 등 필요한 것은 적극적으로 선생님께 요청하자.

Q8. 영어교재 선택은 어떻게 해야 할까요?

(박소윤 뉴욕보니잉글리시 원장)

학부모나 주변 지인들에게 가장 많이 듣는 질문 중 하나가 '어떤 영어교재를 선택하느냐'이다. 시중에 많은 영어교재가 있어 어떤 것을 선택할지 막막한 것이다. 학습자에게 적절하고 알찬 영어교재를 선택하는 팁은 다음과 같다.

첫째로 영어교재 선택 시 출판사에서 제공하는 레벨테스트를 활용하는 것이 좋다. 여러 출판사 사이트에서 무료로 레벨테스트를 제공한다. 이를 이용하여 자기 학년에 맞는 교재를 선택할 수 있다. 〈NE능률〉, 〈A*List〉 등에서 제공된 레벨테스트를 활용하면 해당 출판사의 교재 선택을 수월하게 할 수 있다.

레벨테스트를 진행할 때는 학생의 학년보다는 영어학습 연차 기준의 시험지를 선택해야 한다. 예를 들어 초등 5학년 학생이 영어공부를 시작한

지 2년이 되었다면, 4학년 수준의 시험 결과가 50점 이하로 나오는 것에 대해서 속상해할 필요가 없다. 실제로 4학년이라고 명시된 레벨테스트 시험지는 영어 5년 차 아이들에게 맞는 문제 수로 구성되어 있어서, 높은 점수를 받는 아이는 그만큼 영어 공부를 오래 한 것이라고 보면 된다. 시험 결과보다 연차에 맞춰 출판사에서 제시하는 교재목록을 통해 학생에게 맞는 교재 선택을 하는 것이 중요하다.

추천 목록에 있는 책과 더불어 한 단계 낮은 수준의 책을 고려하는 것이 좋다. 예를 들어, 〈A*List〉의 레벨테스트를 통해 'Word Reading 80-2'가 추천되었는데 전체 성적이 50점 미만이라면 '80-1'을 선택하거나, 한 단계 낮은 '60-2'를 첫 책으로 선택하는 것이 학습에 효율적이다.

둘째, 독해 교재는 학생이 보고 풀 수 있는 수준의 책을 선택하는 것이 중요하다. 어려운 내용이나 어휘가 담긴 책을 독해로 제시하면 실력 향상에 도움이 되기보다는 오히려 영어에 대한 흥미를 상실시킬 수 있다. 따라서 학생의 수준과 맞는 책을 선택하고, 정확한 리딩스킬을 익히며 책에 담긴 문장, 단어, 내용을 이해하는 것이 중요하다.

셋째, 문법 교재는 같은 수준의 여러 교재를 최소한 세 권 이상 복습하면서 수준을 키워나가는 것을 추천한다. 시중에 나와 있는 다양한 문법 교재의 레벨을 살펴보면 'First'나 'Grade 1·2'와 같은 제목이 붙여진 교재가 난이도가 낮고 풀기 쉬운 교재이다. 문법을 완전히 이해하는 것은 한 번에 이루어지지 않기 때문에, 비슷한 수준의 교재를 적어도 세 번 이상 반복해서 풀어보는 것이 좋다. 한 단계 높은 수준을 공부할 때도 전 단계 교재를 함께 복습하면서 활용하면 좋다.

넷째, 쓰기 교재는 교재 선정에 앞서 독해 교재에서 제공하는 워크시트를 활용하여 쓰기 연습을 하는 것을 권장한다. 독해 교재에서 제공하는 워크시트를 활용하여 단문 쓰기 연습을 할 수 있다. 단문 작문 연습을 마친 후 라이팅 교재를 선택하여 에세이 작성을 연습하는 것을 추천한다. 라이팅 교재 또한 학생 흥미와 수준에 맞춘 서적이 지속적인 학습에 좋다.

이렇게 교재 선택 방법에 관해서 이야기해보았다. 무엇보다도 직접 서점을 가서 책을 보고 골라보거나 온라인에서 미리 이북으로 내용을 살펴보고 학습자에게 맞는 교재 선택을 위의 정보를 참고하여 선택하기를 바란다.

Q9. 문법은 언제 접하게 하면 좋은가요?

(정주희 정쌤영어 원장)

주요 과목인 국어, 영어, 수학 중에서 개인별 차이가 가장 큰 과목은 영어일 것이다. 환경 측면에서 학부모의 관심에 따라 어떤 아이들은 유아기부터 영어원서를 접하고, 어떤 아이들은 초등학교 3학년쯤에 처음으로 영어를 배운다. 언어 습득의 측면에서도 개인의 능력에 따라 실력 차이가 발생한다. 초등3학년은 교과과정에 영어 과목이 추가되는 시점으로, 학생과 학부모의 영어학습의 관심도가 높아지곤 한다. 또한 고학년과 저학년 중간 시기이기 때문에 문법 학습 시작에 대한 막연한 불안감과 함께 시작 여부의 갈림길에 서는 경우가 많다.

"초등학교 3학년 문법 학습이 늦은 걸까요?"

영어 문법 학습을 시작하는 최적의 시기는 개인에 따라 다를 수밖에 없다. 일반적으로 제2언어 학습은 습득 능력이 발달하는 어린 시기에 시작하는 것이 좋지만 문법은 국어 실력이 어느 정도 뒷받침이 되어야 용어 정리부터 수월해진다.

실제로 나는 어학원 근무 시절 높은 레벨 반의 초등 저학년 학생들과 문법 수업을 하며 초등학년 문법 수업의 고충을 깨닫게 되었다.

"얘들아, 삼인칭 단수는 동사와 수일치를 시켜 줘야해."

"선생님 삼인칭이 뭐예요?"

"부정사는 부정의 뜻이 아니라 품사가 정해져 있지 않다는 뜻이야."

"부정이 뭐예요?"

"그럼 품사는 뭐예요?"

초등학교 저학년부터 영어학습을 시작한 아이들은 문법과 문장 구조를 별도로 익히지 않아도 자연스럽게 문장을 구성하는 방법을 습득한다. 따라서 문장에서 문법적 오류를 찾는 문제는 어려움 없이 해결할 수 있지만, 답의 원리를 설명하는 과정에서 당황하며 "그냥 문장이 이상하니까."라고 대답하는 학생들이 대부분이다. 문법 용어나 개념에 대한 정리가 취약하기 때문이다. 한자어를 기반으로 한 생소한 문법 용어들은 저학년 학생들에게 학습 진입 장벽이 되기도 한다. 이전에 즐겁고 쉽게 공부했던 영어와는 차이가 나서 자칫 거부감을 느낄 수 있다.

시중에 초등학생들을 위해 쉽게 설명된 문법서로 학습한다면, 각 단원을 학습하고 그 안에 있는 개념만 적용해도 어렵지 않은 문제 풀이가 가능하다. 하지만 전체적인 문법 개념을 이해하고 연결하는 문제 풀이는 초등 저학년들에게 어려운 과정이다. 이는 문법은 물론 영어 공부 자체에 흥미를 떨어뜨릴 수 있다. 영어를 자연스럽게 받아들이고 즐겁게 학습하고 있다면, 기초 문법(예: 명사의 단수와 복수)을 가볍게 학습하는 것은 좋은 출발점이지만, 문법 전체 개념을 서둘러 완벽히 이해시킬 필요는 없다.

영어 문법 학습은 단기간에 완벽히 습득되지 않는다. 끊임없는 학습과 복습이 필요하다. 중요한 점은 어느 시기에 시작하든 학습의 연속성과 꾸준한 노력이 중요하다는 것이다. 학생의 한글과 어휘 습득력을 고려하여 학생 수준에 맞는 교재와 자료를 활용하고, 영어학습을 지속적으로 수행하면서 언어능력을 향상시키는 것을 추천한다. 문법에 대한 조급함이 오히려 거부감을 불러올 수 있다. 따라서 문법 학습은 학생의 국어 역량에 따라 4학년 전후로 시작하는 것을 권장한다.

Q10. 어학연수 꼭 가야 할까요?

(박소윤 뉴욕보니잉글리시 원장)

20년 전부터 어학연수가 유행이었다. 코로나 팬데믹 이전에는 많은 학생이 방학 기간을 활용하여 어학 연수행 비행기를 타곤 했다. 코로나가 잠잠해진 요즘, "어학연수 꼭 필요한가요?"라는 질문을 많이 듣는다. 이에 대해 필자는 '영어 실력이 어느 정도 갖춰져 있어 자신의 실력을 확인하고 싶은 수준'이 아닌 이상에는 영어권 국가로의 여행은 추천하지만, 유학은 좀 더 실력이 쌓으면 가기를 권한다.

어학연수가 필요한 경우와 필요하지 않은 경우는 분명하다. 동기부여 측면으로 볼 때 어학연수는 영어를 좋아하지 않는 아이에게 자신감을 쌓을 좋은 기회가 될 수 있다. 영어학원 학습 연차가 쌓였지만, 여전히 영어에 관심이 없거나 싫어하는 아이라면 재밌고 짧게 구성된 어학연수 단기 캠프가 영어를 좋아하게 되는 계기가 될 수 있다.

또한 영어를 기본으로 하고 특정 분야에 대한 배움을 계획하는 학생들에게는 유학이 유익하다. 필자의 경우, 외국유학경험이 다른 분야 학습과 견문을 넓히는 데 도움이 되었다. 영어 자체를 배우기보다는 미국의 교육 환경을 배우는 기회를 잡았다. 필자는 한국에서 네 가지 영역(듣기, 말하기, 읽기, 쓰기)의 실력을 충분히 쌓은 후 영어권 환경에서 영어를 실전 적용하였다. 한국에서의 영어학습 덕분에 미국에서는 따로 언어 수업을 받을 필요 없이 학교에 입학해서 여러 학교 실습과 미국 아이들을 직접 가르치는 경험을 쌓을 수 있었고, 미국 아동 과외교사 봉사까지 활동할 기회가 주어졌다.

하지만 어학연수 없이도 한국에서 충분히 영어 실력을 쌓을 수 있다. 오히려 부족한 영어 실력으로 정작 외국에 가서는 자국 출신 아이들과만 어울리며 기초반에서 벗어나지 못하는 경우들도 많이 봐왔다. 영어 노출 환경으로 듣기는 확실히 늘지만, 다른 영역은 제자리에 있을 수 있다. 한국에서 소리 영어를 기반으로 한 영어학습을 하고 발화연습을 충분히 하면 듣기 실력을 원어민 수준으로 쌓을 수 있다. 또한 말하기도 문장 패턴으로 문장 구조가 형성되면 어학연수 없이도 충분히 자기 의사를 전달할 수 있다.

이렇게 어학연수는 누군가에게는 기회가 되고 실력을 높이는 계기가 되겠지만, 또 다른 이 에게는 큰 효과 없이 시간만 허비하는 경험이 될 수 있다. 따라서 어학연수는 자신의 목표와 실력을 확실히 한 뒤 결정하는 것을 추천한다.

혹 상황적인 이유로 어학연수가 불가할 때도 좌절하지 말자. 자국에서도 다양한 자료를 활용해서 충분히 영어 실력을 쌓을 수 있음을 기억했으면 한다. 관심만 있다면 방대한 영어 자료를 쉽게 찾아 학습할 수 있다. 의지만 있다면 어느 곳에서든 자신의 영어 실력을 어학연수 경험만큼, 어쩌면 더한 효과를 볼 수 있다.

Q11. 영어학습 동기부여는 어떻게 해야 하나요?

(이태연 오만한영어 원장)

　　진짜 동기부여는 아이에게서 나온다. 이를 설명하기 위해, 필자가 과거에 가르치던 한 학생의 사례를 들어보겠다.

　　이 학생은 초등 6학년 학생으로, 영어의 기초실력이 부족했다. 그 학생은 1년 가까이 내가 가르치는 영어 수업을 받았지만, 원하는 만큼의 진전을 보이지 못하였고, 점차 수업에 대한 흥미를 잃어가는 모습을 보였다. 그러나 6학년이라 중등 수업에 대한 고민이 있을 수밖에 없었고 나는 긴 고민을 시작했다. 중등으로 진학하면서 필요한 중요한 과정 중 하나인 '문법'에 집중해야 한다고 판단했고, 그러한 고민 끝에 교재 이름에 '중등'이라는 단어가 포함된 문제집을 선택했다. 그 교재를 선택은 학생에게 중요한 변화를 가져다주었다. 초등학생임에도 불구하고, 자신이 중등 문제집을 푼다는 사실이 자신감과 기대감을 불러일으키게 하였고, 새로운 동기부여의 불씨를 일으켰다. 6개월이 지난 후, 그 학생은 기대 이상의 변화와 성장을 보였다. 이 변화의 핵심은 학생 자신이 느끼는 성취감과 효능감이었다. 자신이 중등 과정에 도전하고 있다는 기대감으로 영어 수업을 대하는 자세가 달라졌으며 문제집을 풀어가며 영어에 대한 자신감을 키워나갔다.

변화하고 있는 학생의 성장을 좀 더 돕기 위해 필자가 취한 방법 중 하나는 작은 종이에 학생이 쉽게 풀 수 있는 문제를 추가로 제공하는 것이었다. 학생은 이 작은 종이의 문제를 풀고 난 후 그 종이를 문제집에 붙이기 시작했다. 붙여지는 종이가 많아지면서 문제집이 점차 두꺼워졌고, 학생이 푼 문제의 양과 성취를 시각적으로 확인할 수 있었다.

또한 종종 수업하면서 오답 개수 줄이기, 풀이 시간 단축 등 학생이 성취할 수 있는 도전 과제를 주었고, 그 도전을 통해 학생이 만족감을 느끼게 하였다. 필자는 학생의 노력에 격려와 칭찬을 보내 학생이 영어에 대한 자신감을 키우도록 계속 도와주었다.

이런 방식으로, 필자는 학생들에게 동기를 부여하고, 그로 인해 학생은 영어 실력 향상을 이루어 냈다. 중학교에 입학한 지금도 이 학생은 계속해서 뛰어난 성적을 유지하고 있다.

결론적으로, 진짜 동기부여는 학생 자신의 내부에서 나오며, 교사는 이를 촉진하고 가이드하는 역할을 맡는다. 거창한 계획보다는 작은 성취로 단계적으로 성장하는 기쁨을 알게 하면서 학생들의 내적 동기부여를 이끌어 내보자.

12. AI가 영어 번역, 통역까지 대체하는 시대에 영어교육이 중요하게 여겨질까요?

(이태연 오만한영어 원장)

AI 번역기 시대에 내가 영어를 배워야 하는 이유에 대한 의문이 생기는 것은 자연스럽다. AI 번역기가 점점 더 완성도 높은 번역을 제공하고, AI 기술이 발전하면서 동시 번역을 가능케 하는 이어폰도 등장하였기 때문이다. 그러나 몇 가지 관점을 고려해 보면 영어학습의 중요성을 알 수 있다.

첫째, 요즘은 인종 다양화와 글로벌화 시대이다. 저출산으로 인구 구조가 변화하고, 한국뿐만 아니라 전 세계에서 인종 다양화가 진행될 것으로 예상된다. 이에 따라 한국 내에서도 영어 사용의 필요성이 더욱 커질 것이다.

둘째, 영어를 잘 다루지 못하면 대화에 내포된 뉘앙스와 디테일을 이해하기 어렵다. 즉, 대화할 때 그 대화 속에 담긴 분위기나 맥락을 AI 번역기는 완전히 이해하거나 재현하기 어렵다. 맥락을 잘못 짚어서 짧은 단어 하나라도 올바르게 사용하지 않으면 그 대화의 흐름이 완전히 달라질 수밖에 없다. 특히 AI는 언어유희나 유머러스한 문장을 표현하는데 한계가 있을 것이다.

셋째, 인간은 여전히 인간과 소통하길 원한다. AI 기술이 발전하더라도, 사람들은 기계적인 음성보다는 친밀감 있는 인간의 목소리와 소통하길 선호할 것이다. AI 기술이 개인의 목소리로 변환되는 기술도 나오겠지만 그럼에도 불구하고 사람과의 연결성을 저해시키는 요소가 있을 수 있다. 넷째, 사람의 목소리로 감정을 담아서 전달하는 것은 기계가 할 수 없는 부분이다. 인간의 목소리는 언어적인 의미뿐만 아니라 감정과 억양, 강세 등을 표현한다. AI 기술은 이러한 감정을 완벽하게 재현하기에 한계가 있다. 영어를 자유롭게 구사하고 감정을 담아 표현하는 것은 인간의 독특한 능력이다. 사람들은 여전히 인간과의 소통과 상호작용을 중요시하기 때문에 영어교육은 중요하다. 다섯째, 영어는 학습과 인지 능력을 향상하는 데도 도움을 준다. 영어학습은 언어능력뿐 아니라 문제 해결, 비판적 사고, 창의성 등을 키울 수 있는데, 이러한 능력은 AI 시대에도 가치 있는 자원이다. 여섯째, 언어는 그 나라의 정서와 문화가 담겨 있기에 언어를 배우는 것은 그 나라의 사회와 소통하는데 매우 중요하다. 언어는 단순히 단어와 문법을 익히는 것 이상으로, 그 나라의 문화적인 특성, 사회적인 관습, 감정적인 표현 등을 이해하는 데 도움을 준다.

AI 번역기의 발전이 있더라도 영어교육은 여전히 가치 있는 것으로 여겨진다. 영어교육은 개인의 성장과 글로벌 시대에 발전 능력을 키우는 데 도움이 되며, 문화적인 이해와 국제적인 소통을 강화하는 역할을 한다. 따라서 AI 시대에도 영어교육은 여전히 중요성을 유지할 것으로 기대된다.

∞
에필로그

가르치는 게 좋아서 시작한 일이 저의 평생 하고 싶은 일이 되어간 지 십수 년이 흘렀습니다. 원서 수업, 토익 수업, 입시 수업, 내신 수업 등을 통해 나만의 수업 방식을 개발하고 있습니다. 이 과정에서 멋진 4명의 동료 원장님과 함께 책을 출판하게 되었습니다. 영어 공부에는 유일한 방법이 없다고 생각합니다. 각 학생이 자신에게 맞는 학습 방법을 찾고, 그 방법을 활용하도록 돕는 것이 중요하다고 믿습니다. 제가 다른 사람들에게 도움이 되고자 하는 삶의 사명처럼, 이 책이 누군가에게 도움이 되길 바랍니다. 이 책을 내면서 큰 의지가 된 박주연 언니, 사랑하는 가족, 학부모님들, 그리고 뉴욕보니잉글리시 학생들에게 감사의 마음을 전하고 싶습니다. 무엇보다도, 학생들의 꿈과 성장을 지원하기 위해 노력하고 있으며, 더 나은 교육 환경을 창출하려는 열망을 가진 모든 영어 선생님들에게 응원 보냅니다.

뉴욕보니 잉글리시 원장 박소윤

책을 사랑하고, 영어를 사랑하는 제게 영어책 쓰기는 인생의 버킷리스트였습니다. 지난봄에 출간한 에세이 〈힙한 어른들의 갓생 일기〉에 이어, 이 책을 연달아 집필하며 힘든 순간도 많았지만, 제가 영어를 얼마나 사랑하는지 또 영어를 얼마나 더 잘 가르치고 싶은지 절절하게 느낄 수 있는 시간이었습니다. 어떻게 하면 아이들이 영어를 더 좋아하게 되고, 영어로 성장할 수 있을지 연구하고 고민한 노하우를 최대한 담아내었습니다.

저의 느닷없는 책 쓰기 제안에 기꺼이 함께 해주시고, 멋진 책이 완성될 수 있도록 같이 애써주신 네 분의 원장님들과 변은혜 대표님 감사합니다. 그리고 무엇보다 일하느라, 책 쓰느라, 집안일은 뒷전으로 두어도 제가 하는 일이 1순위가 될 수 있도록 끝없이 지지해 주는 제 삶의 1순위, 우리 가족들에게 정말 고맙고 사랑한다고 전하고 싶습니다.

드림빅잉글리시 원장 안지원

사랑하는 나의 학생들이 영어를 단순하게 입시를 위한 공부 과목으로만 생각하지 않았으면 하는 생각을 늘 하곤 합니다. 항상 학생들에게 해오던 이야기지만 다른 나라의 언어 즉 외국어를 배운다는 것은 우리와는 다른 그네들의 문화와 사고체계까지 총체적으로 배우는 것을 의미하기에 그 어떤 입시 결과라든가 시험의 당락을 떠나 참으로 의미 있는 일이 아닌가 합니다. 왜 내가 영어를 공부해야 하는지, 영어를 공부함으로 인해 내가 얻을 수 있는 것들이 무엇이 있는지, 반드시 한 번 생각해 보고 공부에 의미를 부여해 보세요! 쉽게 오르지 않는 성적에 낙담하지 말고, 치열하게 도전하고..결국에는 승리하는 멋진 여러분이 되기를 기원합니다. 이 책이 초, 중, 고 영어공부 로드맵을 짜는 학생들 혹은 학부모님들에게 도움이 되었으면 좋겠네요. 함께 집필한 원장님들과 곁에서 응원해 준 가족들에게 감사의 마음을 전합니다.

아나이스 영어 원장 이지은

처음 영어를 가르칠 때 학생들이 우수한 성적을 얻게 하는 것을 목표로 하였습니다. 그러나 시간이 흐르면서 학생들의 개별적인 학습 스타일과 그들이 가진 역량을 파악하고, 그들의 내면까지 이해하고 존중하는 것이 진정한 교육이라고 느꼈습니다.

이를 실현하기 위해 저는 대학원에서 코칭과 상담을 배우고 있고 대학원에서 얻은 새로운 인사이트와 코칭 방법을 여러분들과 공유하고자 펜을 들었습니다.

제 첫 작품인 이 책이 영어교육에 정보를 얻기를 원하는 독자분들에게 작은 도움이 되었으면 하는 바람입니다. 이 책의 완성은 저에게도 진정한 교육의 시작점이 될 것입니다. 저와 함께 이 책을 집필하신 4명의 원장님들에게도 감사의 마음을 전합니다.

오만한 영어 원장 이태연

영어로 움츠러진 마음 때문에 영어를 싫어하는 아이들, 오늘도 외롭고 힘들게 시험을 준비하는 학생들, 그리고 그들을 응원하며 조바심 내는 학부모님들과 영어 교육자들을 위해 다섯 명의 원장이 한자리에 모였습니다. 이 책 한 권으로 영어 말하기 대회에서 입상한 친척 동생, 외고에 재학 중인 옆집 누나, 원서를 취미로 읽는 친구들 모두 더 이상 내 비교 대상이 아닌 경쟁자가 될 수 있을 것입니다. 할 수 있다는 자신감으로 차분히 하루하루를 쌓으면 언젠가는 웃음 짓게 될 날이 오리라 확신하며 모두를 응원합니다. 집필 과정에서 저를 끌고(?) 와주시며 전우애를 다졌던 원장님들과 대표님, 그리고 누구보다 정곡을 찌르는 조언과 도움을 준 가족들에게 감사함을 전합니다.

정쌤 영어 원장 정주희

참고 문헌

Part 1

《기적의 엄마표 영어》, (이지영, 21세기북스, 2019)

《기적의 콘텐츠 영어수업》, (이해성, 다산북스, 2016)

《우리 아이 영어공부 어떻게 시킬까요?》, (서명은, 글로세움, 2018)

《영어 공부 잘하는 아이는 이렇게 공부합니다》, (김도연, 길벗, 2021)

《영어시험 잘 보는법》, (장아미, 블루무스, 2023)

《미래형 엄마표 영어》, (오현주, 전주연, 김연수, 이수진, 김호연, 김태인, 정영은, 서사원, 2023)

《초중고 영어공부 로드맵》, (허준석, 이은주, 신영환, 기나현, 석정은, 서사원, 2021)

《현서네 유튜브 영어 학습법》, (배성기, ㈜넥서스, 2020)

《2022 개정 영어과 교육과정 시안(최종안) 개발 연구》, (이규민, 2022, 한국교육과정평가원)

온라인 사이트

잉글리시 씽씽

페파 피그

슈퍼심플송

하이빅쌤

클래스카드

퀴즐렛

퀵,드로우

스토리 라인

NE Times

EBS

Part 2
《자유학년제 중2첫시험 중학 학부모 생활》, (김수희, 사람in, 2021)

《1등급 공부법》, (신영환, 서사원, 2021)

《입시를 알면 아이 공부가 쉬워진다》, (정영은, 유노라이프, 2022)

《자유학년제 중2첫시험 중학 학부모 생활》, (김수희, 사람in, 2021)

Part 3
《문해력의 개념과 국내외 연구 경향》, (대구교육대학교, 윤준채 교수)

Part 4
《영어학습, 코칭이 답이다》, (민철홍,김형엽, 2016)